D1178131

Teatro español en un acto (1940-1952)

Letras Hispánicas

Teatro español en un acto (1940-1952)

Teatro español en un acto (1940-1952)

Edición de Medardo Fraile

SEGUNDA EDICIÓN

CÁTEDRA

LETRAS HISPÁNICAS

Ilustración de cubierta:
Dama con sombrero. Cortesía de Juan Barjola

© Antonio Buero Vallejo, Joaquín Calvo Sotelo,
Medardo Fraile, Evangelina Jardiel Poncela, María Luisa
Ruiz Iriarte, Herederos de Samuel Ros, Alfonso Sastre
© Ediciones Cátedra, S. A., 1991
Telémaco, 43. 28027 Madrid
Depósito legal: M. 28.575-1991
ISBN: 84-376-0838-4
Printed in Spain
Impreso en Lavel
Los Llanos, nave 6. Humanes (Madrid)

Índice

Índice

Introducción

ARTE NUEVO

PRESENTA en el

Teatro INFANTA BEATRIZ

a su

Compañía de TEATRO DE VANGUARDIA

con los siguientes ESTRENOS

HA SONADO LA MUERTE
(Alfonso Sastre y Medardo Fraile)

ARMANDO y JULIETA
(José María Palacio)

UN TIC=TAC DE RELOJ
(José Gordón y Alfonso Paso)

Interpretadas por Margarita MAS, María Amparo CONDE, Herminia SPITZER, Isabel FERRAZ, José Luis LOPEZ, Justo SANZ, Enrique CERRO, Aníbal VELA (hijo), Miguel NARROS, con la colaboración del PRIMER ACTOR JOSE FRANCO.

El TEATRO DE VANGUARDIA por PRIMERA VEZ en ESPAÑA

UNICA REPRESENTACION: JUEVES, 31, a las 10,30 de la NOCHE

Gráf. VELASCO, Bravo Murillo, 30.-Teléf. 42124.-Madrid.

Lo que doy al lector en este libro no es una antología, sino algo menos frecuente: el alborear de un teatro. El *espacio vacío* de Peter Brook no podía estar más vacío en 1940. Los dramas de entonces habían ocurrido y ocurrían fuera del teatro. Lorca y Muñoz Seca, muertos en la Guerra Civil (recordemos, para el que tuerza el gesto, que Muñoz Seca había hecho y era capaz de hacer mucho más que *astracán*). Casona, Grau y Max Aub en el exilio. Arniches, Benavente, Marquina (y Manuel Machado y Joaquín Alvarez Quintero) en sus postrimerías. Pemán buscando su fórmula teatral propia, que nunca encontró. José López Rubio, debatiéndose aún entre cine o teatro. Edgar Neville, autor todavía de una novela humorística: *Don Clorato de Potasa*. Y el gran teatro de Valle-Inclán —prácticamente inédito en las tablas—, sin descubrir. Una sola excepción confirma lo dicho: Enrique Jardiel Poncela, capaz de llenar el espacio vacío de varios escenarios con aires nuevos, originalidad y sorpresa.

El nombre de un pombiano —como Jardiel— que, de 1923 a 1940, había publicado ocho libros (cuentos y novelas), triunfaba, en 1940, en las carteleras del teatro Alcázar, de Madrid: Samuel Ros (Valencia, 1904). De una traducción argentina había adaptado *Aurora Clara Boothe, norteamericana*, de Aurora Clara Boothe, con el título de *Mujeres*. Modificó cuadros e hizo una creación original del último de ellos. Pero, por los caminos en que alentaba —o desalentaba— el país, hubo que advertir en los periódicos que «su tendencia y conceptos van derechos contra el divorcio, enmarcándose su tesis en un profundo respeto a la moralidad»[1]. El estreno fue patrocinado por la Asociación de la Prensa; la obra sirvió de «presentación» a María Paz Molinero, se mantuvo en cartel del 12 de septiembre al 1 de diciembre, y el 23 de noviembre se celebró la función-beneficio en homenaje a la primera actriz, que protagonizó el estreno de la obra en un acto de Ros *En el otro cuarto,* con éxito de público y crítica[2].

En el otro cuarto, había sido leída antes, el 29 de abril, en la tertulia denominada «Musa Musae», que tenía lugar en el despacho de Eduardo Llosent, director entonces del Museo de Arte Moderno. El 29 de abril presidió la «academia» José María Alfaro y leyó la obra Román Escohotado, esperanza escénica *(La respetable Primavera,* 1940) y «virtuoso de la lectura», según el cronista[3]. Después de su estreno, se publicó en *Escorial*[4].

Con esa obra breve, Ros fue esperanza fugaz de un teatro que no existía. El 14 de mayo de 1941 estrena en el Teatro Español *Víspera,* protagonizada por Mercedes Prendes. Los críticos le ponen reparos importantes[5]; la obra se mantiene en cartel con dificultad, hasta el 28 de mayo, inclusive; pero dos testigos de excepción la elogian: Azorín —entusiásticamente— y Melchor Fernández Almagro[6].

---

[1] Véase *Arriba,* Madrid, 10-XI-1940.

[2] *Vid.* crítica de Antonio de Obregón en *Arriba,* 24-XI-1940. Y Román Escohotado, «Tres proasas en el Teatro», *Arriba,* 29-XI-1940.

[3] *Vid. Arriba,* 30-IV-1940. El redactor no da el título de la obra —quizá no lo tuviera entonces—, pero sabemos que fue esa misma obra por otra nota en *Arriba,* 23-XI-1940.

[4] Número de febrero, 1941. El primer número de *Escorial* apareció el 20-XI-1940.

[5] *Vid.* críticas de Miguel Ródenas en *ABC,* 15-V-1941, y Antonio de Obregón en *Arriba* de la misma fecha.

[6] «Una carta de Azorín: A propósito de un estreno», *Arriba,* 20-V-1941. Azorín, «*Víspera,* de Samuel Ros», *Arriba,* 21-V-1941. Y Melchor Fernández Almagro, en *Legiones y Falanges,* Roma-Madrid, junio-julio 1941: «Samuel Ros, humorista de doble fondo dramático, a quien se le debe una original tragedia en un acto, *En el otro cuarto,* y un intencionado cuanto profundo cuadro, *Víspera,* de secreta vibración histórica y psicológica».

¿Tuvo *Víspera,* obra ambiciosa, una época y un público propicios? Había en España entonces escasez de toda índole y, por supuesto, de papel para diarios y revistas y, así y todo, he aquí una muestra de cómo se aprovechaba. En la sección «Informaciones y noticias de toda España» (28-IX-1941), *ABC* nos ofrecía el panorama siguiente: Las bodas de oro de las Siervas de Jesús en la asistencia al hospital de la Caridad (La Coruña); una fiesta íntima en honor de una centenaria (Canarias); pesca de un ballenato de más de cinco metros (Canarias); y descubrimiento de un poblado ibérico (Lérida).

Azorín dijo a Ledesma Miranda en una entrevista:

> La obra creadora necesita un ámbito para producirse. Esto lo han proclamado Mateo Arnold, Wilde y Gide, entre otros. Tiene usted el caso de *Víspera,* de Samuel Ros, esa obra fina y admirable que fracasa por falta de una crítica sensible y comprensiva[7].

Mujeres triunfó en Barcelona; *En el otro cuarto* se repuso en Gijón, León y Valladolid, emparejada, en Valladolid, con una obra nueva de Samuel: *La digestión del hambre. Otra vez vivir,* su última comedia estrenada, tuvo escasa acogida en la Ciudad Condal pese a su protagonista, Lola Membrives. Sin afianzar su teatro, Ros murió en Madrid a los cuarenta años, en la madrugada del 6 de enero de 1945.

En plena y acre Posguerra, el mejor inquilino de los escenarios españoles es el humor. Y era muy digno de elogio el de Enrique Jardiel Poncela, que había estrenado tres comedias excelentes, hoy clásicas: *Un marido de ida y vuelta* (1939), *Eloísa está debajo de un almendro* (1940) y *Los ladrones somos gente honrada* (1941), entre otras. Y el ingenuo y antitópico —«codornicesco»— del primer Mihura, en colaboración con Calvo Sotelo (*¡Viva lo imposible!* o

---

7 Ramón Ledesma Miranda, «Presencias y mensajes. Tras el secreto de Azorín», *Arriba,* 12-III-1944.

El contable de estrellas, 1939), Antonio de Lara, «Tono» *(Ni pobre ni rico, sino todo lo contrario,* 1943), y Álvaro de la Iglesia *(El caso de la mujer asesinadita,* 1946, la mejor, con mucho, de las tres). La comedia excepcional *Tres sombreros de copa,* escrita por Mihura en 1932 y publicada en 1943, esperaba pacientemente su estreno, que no llegaría, por sinrazones de peso, hasta 1952.

Lo demás era pasar el rato, reiteración inoportuna del teatro anterior al 36 y «folklore» alambicado y falso, supuestamente lorquiano[8].

El humor de Jardiel Poncela (Madrid, 1901-1952) no era antitópico; surgía, mejor, «dentro de la más pura arqueología del tópico», como dice su biógrafo Rafael Flórez o, incluso, fuera, desentendido de él[9]. Sus obras, antes y después de la contienda bélica nacional, consiguieron rotundos éxitos y sonados escándalos; ningún autor exacerbaba las pasiones, a favor o en contra, como él. La valía de Jardiel, pese a las discusiones, era indiscutible; su ingenio, inmenso; su originalidad, única (como debe de ser). Si antes de la Guerra recibió elogios de Manuel Abril y Eugenio D'Ors, pocos críticos después le comprendieron —o acaso muchos le envidiaron—, con las excepciones, casi en solitario, de Alfredo Marqueríe, en primer lugar, y Víctor Ruiz Albéniz («El Tebib Arrumi»). Su capacidad excepcional de trabajo abarcó también, con éxito, el cine (comentarios a los «celuloides rancios», creación suya) y la novela, además de las contracríticas y páginas autobiográficas, tan vivas e inteligentes, con las que adobaba sus novelas y libros de teatro, interrumpidas después de publicar *Tres proyectiles del 42,* so protexto de continuarlas en unas *Memorias* que

---

[8] Véase la enumeración de obras estrenadas (1939-1940) que recoge Enrique Sordo, «El teatro español desde 1936 hasta 1966», *Historia General de las Literaturas Hispánicas,* VI, Barcelona, 1967, pág. 773.

[9] Rafael Flórez, *Mío Jardiel,* Madrid, Biblioteca Nueva, 1966, páginas 16-17.

no llegó a escribir[10]. A propósito de *Cuatro corazones con freno y marcha atrás,* declaró Jardiel:

Sólo lo inverosímil me atrae y subyuga; de tal suerte, que lo que hay de verosímil en mis obras lo he construido siempre como concesión y con repugnancia[11].

Jardiel aparte, la actividad menos afortunada era la escénica. Habían surgido nombres en la poesía y la prosa (José García Nieto y «La Juventud Creadora»; Miguel Villalonga: *Miss Giacomini* —reedición—, 1941; Camilo José Cela: *La familia de Pascual Duarte,* 1942, etc.), todos nombrados, requetenombrados y acogidos en las páginas de *Garcilaso, El Español, La Estafeta Literaria* y *Fantasía,* publicaciones inspiradas, o fundadas, o dirigidas, o subvencionadas —o todo ello a la vez—, por la liberalidad interesada y los talentos de Juan Aparicio, director general de Prensa de 1941 a 1946. Faltaba un nuevo autor de comedias y Aparicio lo buscó y encontró, de momento, en un periodista del grupo de *Garcilaso* que escribía teatro: Víctor Ruiz Iriarte (Madrid, 1912-1982), aplaudido autor de una obra breve estrenada por el futuro director de «cine», José María Forqué, en el Teatro Argensola, de Zaragoza (1943) y, un año más tarde, en el Teatro Español, de Madrid: *Un día en la Gloria,* seguida, en la capital, de *El puente de los suicidas* (1944), obra que podría haber firmado, sin escrúpulos, el exiliado autor de *La sirena varada*[12].

10 *Tres proyectiles del 42,* Madrid, Biblioteca Nueva, 1942, contiene las comedias *Madre (el drama padre), Es peligroso asomarse al exterior* y *Los habitantes de la casa deshabitada,* las tres, crítica del teatro folletinesco y adocenado de Adolfo Torrado y Leandro Navarro, que acaparaban entonces los éxitos escénicos *(La madre guapa, La Papirusa...).*

11 «Primer intermedio. Circunstancias en que se imaginó, se escribió y se estrenó "Cuatro corazones con freno y marcha atrás"», en *Dos farsas y una opereta,* Buenos Aires, Editorial Juventud Argentina, 1946, pág. 25.

12 Véase el suelto en el diario *Pueblo,* 23-IX-1966, pág. 2, titulado «"La Juventud Creadora" sí fue una operación política, dice Juan Aparicio, que añade: "Salió de mi despacho oficial".» Ruiz Iriarte declaró a Francisco

Víctor Ruiz Iriarte fue asemejándose menos a Casona y más a sí mismo en las cuatro obras siguientes, hasta acomodarse en su «métier» y *su* público con el éxito de *El aprendiz de amante,* estrenada en Valencia, en 1947 y, dos años más tarde, en Madrid. En un segundo plano, pero con dignidad y oficio muy notables, desarrolló una carrera escénica de cuarenta años, con éxitos muy frecuentes, conseguidos con buen hacer y limpieza: *El landó de seis caballos* y *El gran minué* (1950), *Juego de niños* (1952), *El pobrecito embustero* (1953), *La guerra empieza en Cuba* (1955), *Tengo un millón* (1960), *El carrusel* (1964), *La señora recibe una carta,* *La muchacha del sombrerito rosa* (1967) y otros veinte títulos, sin contar los numerosos guiones para televisión.

El teatro de Ruiz Iriarte es amable, optimista —sin banalidad— y encantador muchas veces, pero su temario no es ajeno a las preocupaciones de la sociedad en que vivió, aunque al desarrollar esos temas con afán de comprensión, sinceridad y nobleza, su intención se vuelva, para algunos críticos, invisible. Cuando era tan común el discursillo fácil y repentino para que aplaudieran los «contras», Víctor Ruiz Iriarte mantenía cada licor en su frasco, cada palabra en su personaje, atendiendo a la creación escénica sin permitirse ese guiño de ojo burdo al espectador. Sus comedias de costumbres burguesas, civi-

---

Umbral: «Empezábamos a escribir y pintar por nuestra cuenta. Y sí, es cierto que Juan Aparicio nos llamó y nos dio oportunidades en sus revistas. Pero no creo que hubiera mayor política en este sentido. El Gobierno tenía problemas más urgentes. Nunca, por otra parte, ha habido una verdadera política cultural en España.» (Citado por Víctor García Ruiz: *Víctor Ruiz Iriarte. Autor dramático,* Madrid, Espiral Hispanoamericana, 1987, pág. 28). José María Martínez Cachero escribe: «Cabe hablar de la política literaria de Juan Aparicio, identificada con el régimen vigente en España, siendo su portavoz y apologista, y fácilmente podrían aducirse al respecto textos suyos y de algunos colaboradores de sus publicaciones; lo cual ha sido motivo para que, desde posturas ideológicas contrarias y no menos comprometidas, se haya mirado con hostilidad y menosprecio esta labor, olvidando muy importantes circunstancias de tiempo y lugar.» (*Historia de la novela española entre 1939-1975,* 1979, pág. 52.)

lizadas, dignísimas, tienen, además, impersonalidad bastante para constituirse en buena escuela de autores.

La primera agrupación de ensayo que surgió en la Posguerra fue «Arte Nuevo» (1945), dirigida por José Gordón, pariente de Alfonso Paso, periodista mediano[13], apasionado de Talía sin reparar en arduos sacrificios (hasta en su propio hogar), hombre emprendedor y bueno —aunque sin noción administrativa—, algo mayor que los componentes del grupo: Paso, Alfonso Sastre, Carlos José Costas, el actor Enrique Cerro y Medardo Fraile, que se habían conocido, todos menos Gordón, de estudiantes de bachillerato en el colegio-academia «Menéndez y Pelayo», dirigido por el licenciado y ex seminarista don Trífilo Fuentes, en la calle Jerónimo de la Quintana (28010 Madrid), a un paso de la bulliciosa calle de Fuencarral, calle-espectáculo, como hay tantas. Fraile incorporó al grupo, poco después, a José María Palacio, hijo del «Palacio, buen amigo», de Antonio Machado.

Su lema fue «Una luz y un eco hacia la eternidad», y sus comienzos los cuenta así Gordón:

> Nuestra situación económica partió de cero y, muchas veces, a solas, me pregunto si aquello [...] fue verdad o lo hemos soñado todos. Recuerdo que el día que fundábamos «Arte Nuevo», reunidos en un café que se llamaba *Arizona,* y que estaba en Alberto Aguilera, 19 [...], después de pagar el café cada uno de nosotros, Paso, Sastre, Costas, Medardo Fraile, Cerro y yo [...], nos sobraron siete pesetas, que se entregaron a Carlos José Costas, que iba a ser el administrador[14].

La sede de «Arte Nuevo» —tres habitaciones comunicadas entre sí con puertas, dos de ellas, a un pasillo—, estaba en Fuencarral, 43, frente a la calle de Augusto

---

[13] Colaboraciones en *Madrid, Informaciones, Fotos,* etc.
[14] José Gordón, *Teatro Experimental Español,* Madrid, Escélicer, 1965, págs. 35-36.

Figueroa, en los altos de un gimnasio propiedad de un hermano de Paso, que cedió el local para reuniones y ensayos con generosidad nada común. En dos años, se ensayaron allí veintitrés obras breves, todas estrenadas contra viento y marea, empeñando o vendiendo toda clase de objetos, cámaras, libros, muebles, sin dinero (la cuota de los socios, contados, de la Agrupación era diez pesetas al mes). Se levantó el telón por vez primera el 31 de enero de 1946, en el Teatro Infanta Beatriz, de Madrid, para bajarse definitivamente, a causa de las deudas, el 13 de febrero de 1948, en el teatro del Instituto «Cardenal Cisneros»[15].

Los mejores críticos de entonces, Antonio Rodríguez de León («Sergio Nerva»), Alfredo Marquerie, Rafael Sánchez Camargo, Cristóbal de Castro, Alberto Crespo, Román Escohotado, etc., prodigaron elogios a la labor de «Arte Nuevo», cuya semilla fructificó en una verdadera invasión de teatros íntimos, experimentales, de ensayo o de cámara, en toda España[16], y en el arrumbamiento de los consabidos primer actor-director, empresario-director o mirlo blanco-director y la imposición en las compañías de un ser independiente, artista y responsable: el director de escena. La pauta, en este sentido, recogida enseguida por «Arte Nuevo», la marcaron en Madrid cuatro directores de excepción: Luis Escobar y Huberto Pérez de la Ossa, en el Teatro María Guerrero, y Felipe Lluch y Cayetano Luca de Tena, en el Español.

La huella de «Arte Nuevo» continúa en pie. No sólo

[15] En la primera sesión se estrenaron *Un tic-tac de reloj,* de Alfonso Paso y José Gordón; *Armando y Julieta,* de José María Palacio, y *Ha sonado la muerte,* de Alfonso Sastre y Medardo Fraile. En la última, *La escalera,* de Eusebio García Luengo; *Cuando llegue la otra luz,* de Carlos José Costas, y *Compás de espera,* de Alfonso Paso. Además de los autores citados, estrenaron obras en «Arte Nuevo» José Franco, José María de Quinto, Julio Angulo, Joaquín Andrés, y se repuso *Lo invisible,* trilogía de Azorín.
[16] Una lista casi exhaustiva de ellos, con algunos de sus éxitos, puede verse en mi libro *Poesía y Teatro Contemporáneos (Literatura Española en Imágenes,* vol. 29), Madrid, Editorial La Muralla, 1973, págs. 33 y 34.

por su anticipación y ejemplo, o por esos nombres discutidos a veces, pero vigentes en la escena española, Paso —ya desaparecido— y Sastre, sino también por los buenos actores, actrices y directores que hicieron allí sus primeras armas: Ángel Menéndez, Encarna Paso, Miguel Narros, José Luis López, Ramón Navarro, Amparo Gómez Ramos, Consuelo Marugán, María Luisa Romero, Carmen Geyer, etc., sin contar los famosos que aportaron al Grupo su entusiasmo y consejo: Amparo Reyes, Ana Martos, Montserrat Blanch, José Franco —que dirigió la escena de muchas obras—, y Emilio Alisedo.

Como grupo, su originalidad consistió en reunir autores y experimentar la creación de jóvenes comediógrafos españoles, antes de ceder el escenario a ganapanes de las tablas o nombres extranjeros.

De las veintitrés obras estrenadas, quince de ellas se reunieron en libro y dos merecieron, además, reposición inmediata —en la Asociación Cultural Iberoamericana: A.C.I.— y, durante años, mayor atención: *Cargamento de sueños,* de Alfonso Sastre (Madrid, 1926), y *El hermano,* de Medardo Fraile (Madrid, 1925).

La revista *Garcilaso* y sus ediciones aireaban, con respeto y frecuencia, el nombre de un dramaturgo asiduo del Café Gijón, rico en teorías personalísimas de toda índole, que había conocido a Lorca y Alberti en las tertulias literarias de antes del 36: Eusebio García Luengo.

Su teatro, como su novela *No sé,* era genuinamente existencial[17], derivado, en clara evidencia, de Miguel de Unamuno. El talento de Luengo se veía marrado por la parálisis deliberada de la llamada «acción», en la que él no creía. Los personajes expresaban, lisa o barrocamente, su angustia, su incredulidad, su «infierno», se iban, más o

---

[17] Un estudio de *No sé* en este sentido es el de Oscar Barrero Pérez: *La novela existencial española de Posguerra,* Madrid, Gredos, 1987.

menos, cuando habían terminado y volvían, también más o menos, cuando tenían algo que añadir. Nada más lógico ni, teatralmente hablando, más ineficaz. Para mí, su drama, de duración normal, más poderoso y logrado fue *Las supervivientes* (1952). Publicó otras obras breves: *Entre estas cuatro paredes, El amante por infiel,* y «Arte Nuevo» estrenó sus dramas en un acto *Por vez primera en mi vida* (1947) y *La Escalera* (1948), éste dividido en dos cuadros.

Otros nombres sonaban por entonces en el esperanzado mundo del teatro: Gonzalo Torrente Ballester *(El viaje del joven Tobías, El casamiento engañoso, Lope de Aguirre),* Julio Angulo *(Ático izquierda,* estrenada por el Teatro Español Universitario —el T.E.U.—, apareada con *Un día en la Gloria,* de Ruiz Iriarte; *De 2 a 4,* que representó «Arte Nuevo»; *El cenicero, Juan y su señor...).* Y los más jóvenes, Luis Delgado Benavente, que podría haber sido autor con un buen consejero o colaborador del «oficio». Sus obras, *Días nuestros, Humo, Tres ventanas, Jacinta, Media hora antes, Presagio,* con abundantes virtudes, adolecían, sin embargo, de tres o cuatro frases inoportunas que originaban la reacción contraria del público y descuajaban o enfriaban un éxito que parecía seguro. Ricardo Rodríguez Buded *(Un hombre duerme, La madriguera* y, sobre todo, *Queda la ceniza,* una de las obras de intención político-social más personales y mejor escritas de esos años). Pablo Martí Zaro *(El mal que no quiero, La muerte de Ofelia),* etc.

Se había cumplido una década desde el final de la Guerra y, con la excepción de Jardiel, los comienzos de Mihura y, a otro nivel, Ruiz Iriarte, no aparecían obras largas que valieran dos horas de atención. El mejor teatro no pasaba de un acto, hasta que, en 1949, obtuvo el Premio «Lope de Vega» del Ayuntamiento de Madrid (el que descubrió a Casona) *Historia de una escalera,* drama de un autor desconocido, ex recluso político y ex condenado a muerte: Antonio Buero Vallejo (Guadalajara,

1916). El mismo año, conseguiría además el primer premio de la Asociación de Amigos de los Quintero por *Las palabras en la arena,* tragedia en un acto basada en el discutido episodio evangélico de la mujer adúltera, que sólo aparece en Juan (8, 1-11), —si es él el que lo cuenta—, con la acción en Jerusalén, hacia el año 30 de la Era Cristiana[18].

Historia de una escalera se desenvuelve en Madrid en los años, convencionales, de 1919, 1929 y 1949, pero, al publicarse, apareció encabezada por el versículo 6 de un capítulo patético y, entonces, muy actual —el VII— del profeta *Miqueas,* y aunque las carteleras del Teatro Español calificaban la obra de «comedia dramática», Buero consideraba que era, en el fondo, una tragedia, como su obra en un acto.

Sería inoportuno extenderme aquí en la obra ulterior de dramaturgos tan universalmente conocidos como Alfonso Sastre y Antonio Buero Vallejo, lo que ya he hecho, además, en otras ocasiones (ver bibliografía). Quizá sea más útil constatar que, entre los autores incluidos en este libro, cuatro de ellos (Jardiel, Buero, Sastre y Calvo Sotelo) aportaron al teatro en la Posguerra obras muy distintas, pero esenciales, sin las cuales el periodo comprendido entre 1940 y 1954, no podría estudiarse con propiedad: *Eloísa está debajo de un almendro* (1940), *Historia de una escalera* (1949), *Escuadra hacia la muerte* (1953) y *La muralla* (1954)[19].

Sastre y José María de Quinto lanzarían en *La Hora* (8-X-1950) el manifiesto del T.A.S. (Teatro de Agitación Social). ¿Agitación social? Fue un intento fallido, por

---

[18] Las otras obras premiadas fueron *Títeres con cabeza,* de Horacio Rodríguez de Aragón, y *De seda,* de Pablo Torremocha.

[19] Otras obras que considero esenciales son: *Celos del aire* (1950), de José López Rubio; *Tres sombreros de copa* (1952), de Miguel Mihura; *El baile* (1952), de Edgar Neville; *La historia de los Tarantos* (1961), de Alfredo Mañas; *La Camisa* (1962), de Lauro Olmo, y *Los verdes campos del Edén* (1964), de Antonio Gala.

supuesto, que prometía obras reveladoras de la génesis de un autor: Sastre; buscadas entonces por un reducido sector universitario. Creado por los mismos, diez años más tarde, el Grupo de Teatro Realista (G.T.R.) reclamó en su manifiesto *(Primer Acto,* septiembre-octubre 1960) un teatro popular y lo realizó, en parte, en el Teatro Recoletos, de Madrid, con obras de Pirandello *(Vestir al desnudo),* Sastre *(En la red)* y Carlos Muñiz *(El tintero).* La intención de Muñiz —como señala, con acierto, Enrique Sordo— «es social —sin compromiso ideológico aparente—, y su tono una acusación resuelta de farsa»[20]. Muñiz adaptó luego sus dotes escénicas a tareas televisivas y es autor, además, de *El grillo, Un solo de saxofón* y *Las viejas difíciles.* Los objetivos del G.T.R. —montar teatro social, épico brechtiano y teatro documento— tropezaron pronto con dificultades, nada imprevistas[21].

En 1953, Antonio Rodríguez Moñino fundó, costeó y puso en manos de Ignacio Aldecoa, Sánchez Ferlosio y Alfonso Sastre, *Revista Española,* bimestral, que cumplió sólo un año, publicó seis números y aglutinó, principalmente, a un grupo de escritores de la Generación del 50. Allí aparecieron, además de cuentos, ensayos, traducciones, etc., obras de teatro en un acto y, entre ellas, en el número 4, *Max,* primer texto publicado del futuro creador de «Región», Juan Benet. Las demás obras fueron: *La voz de dentro,* de Luis Delgado Benavente (núm. 1); *Capítulo de sucesos,* de Medardo Fraile (2); *Habitación 32,* de Ramón Solís y Ricardo Rodríguez Buded (3); *El pasillo,* de Manuel Sacristán Luzón (5), y *Cartas en alta voz,* de Lorenzo y Gaspar Peral (6).

Joaquín Calvo Sotelo (La Coruña, 1905) no era del todo hábil, como reconoce él mismo[22], cuando estrenó

---

[20] Ob. cit., pág. 788.
[21] Sastre, en *Anatomía del realismo,* Barcelona, Seix Barral, 1965, hace un «Informe sobre la experiencia», págs. 153-166.
[22] Joaquín Calvo Sotelo, «Prólogo para ser leído a la hora del epílogo»,

La muralla con éxito portentoso, pero la crítica venía percibiendo una línea ascendente en su teatro y el público había mantenido en cartel mucho tiempo dos comedias suyas: *La visita que no tocó el timbre* (1950) y *Milagro en la Plaza del Progreso* (1953). El diálogo de *La muralla,* poco matizado, se mostraba, en cambio, directo, eficaz, con «buenos golpes» de efecto. Las entradas y, sobre todo, las salidas de los personajes, parecían forzadas en muchas ocasiones. Recordaba el hacer de Linares Rivas (1878-1938), con su cura gallego y todo, asustadizo, inteligente, modesto y con paraguas. Pero, desde un conservadurismo expeditivo, trataba un tema que media España sufría o devanaba en su casa, y era obra recia, clara, elemental, plena de alusiones, en la que se oía en voz alta lo que muchos pensaban en silencio. *La muralla* obtuvo un éxito que parece hoy desproporcionado —sobrepasaba las cinco mil representaciones en su edición decimoquinta—, logrado, sobre todo, por un estado de cosas anormal, que zarandeó hábilmente[23].

Por ello resulta más encomiable esa comedia en un acto de la misma época, donde no hay brochazos para la galería, sino pinceladas apenas perceptibles, pero eficaces y de gran finura: *Cuando llegue el día*[24]. Calvo Sotelo, autor variado, fecundo, siempre ambicioso, llegó a ser un diestro comediógrafo con no pocos y duraderos éxitos en su carrera escénica: *Una muchachita de Valladolid* (1957), *Micaela* (1962), *El proceso del arzobispo Carranza* (1964), *El poder* (1965), *El inocente* (1968), etc.

* * *

en *Teatro,* Madrid, G. del Toro, editor, Col. «El autor imprescindible», 1974, págs. 81-100.

[23] Pero también es verdad lo que su autor afirma: *«La muralla* ha tratado, si no por primera vez, sí gracias al azar y al viento favorable, con cierta fuerza, un tema que hasta hoy nadie había resellado ni hecho imposible para los demás», *ibíd.,* pág. 83.

[24] Se estrenó, en tercer lugar, con dos obras más en un acto: *La voz humana,* de Cocteau, y *Compás,* de Claudio de la Torre.

Al acabar cada una de las obras, encontrará el lector un breve comentario que tal vez contribuya a asentar, completar, rectificar, enriquecer, etc., la lectura previa, y Upospongo el comentario para librar al lector de pre-juicios y no aventar detalles que quitarían a la lectura algún interés. En suma, por no «destripar» las obras antes de ser leídas.

BIBLIOGRAFÍA

Téngase en cuenta, además, la bibliografía de la «Introducción».

ACORDE, «Termina la temporada de invierno en los teatros», *Hoja del Lunes,* Madrid, 15-IV-1946.

A. M. (MARQUERÍE, Alfredo), «Informaciones y Noticias Teatrales y Cinematográficas. En el Español se estrenaron las obras premiadas por la Asociación Amigos de los Quintero», *ABC,* Madrid, 20-XII-1949, pág. 29.

AMORÓS, Andrés; MAYORAL, Marina, y NIEVA, Francisco, *Análisis de cinco comedias (Teatro Español de la Posguerra),* Madrid, Castalia, 1984.

ARAGONÉS, Juan Emilio, «Un escritor: Medardo Fraile», *Ateneo,* Madrid, 1-XII-1954.

— *Teatro Español de Posguerra,* Madrid, Publicaciones Españolas, Col. Temas Españoles, núm. 520, 1971.

ARIEL, «Anoche, en el Infanta Beatriz», *Marca,* Madrid, 1-II-1946.

BAQUERO GOYANES, Arcadio, «El humor en el teatro de Ruiz Iriarte», *El Teatro de Humor en España,* Madrid, Editora Nacional, 1966.

BLANCO SOLER, Luis, *Samuel Ros. Antología, 1923-1944,* (contiene «Prólogo-biografía», de Blanco Soler y *En el otro cuarto),* Madrid, Editoria Nacional, 1948.

BUERO VALLEJO, Antonio, «Obligada precisión acerca del "imposibilismo"», *Primer Acto,* Madrid, núm. 15, julio-agosto 1960.

— «La ceguera en mi teatro», *La Carreta,* Barcelona, septiembre 1963.

C., «Informaciones y Noticias Teatrales y Cinematográficas.

Comedia: Función en honor de Jardiel Poncela», *ABC,* Madrid, 6-XII-1945, pág. 25.

— «Infanta Beatriz: Actuación del Grupo Artístico *Arte Nuevo*», *Arriba,* Madrid, 22-VI-1946.

CALVO SOTELO, Joaquín, *Cuando llegue la noche...* y *Cuando llegue el día,* Madrid, Alfil, Col. Teatro, 1952.

CASTRO, Cristóbal de, «Beatriz: Compañía de Teatro Moderno *Arte Nuevo*», *Madrid,* Madrid, 12-IV-1946.

CORTINA, José Ramón, *El arte dramático de Buero Vallejo,* Madrid, Gredos, 1969.

CRESPO, Alberto, *«Arte Nuevo,* en el Teatro Infanta Beatriz», *Informaciones,* Madrid, 12-IV-1946.

CUEVA, Jorge de la, «Tres estrenos de *Arte Nuevo*», *Ya,* Madrid, 12-IV-1946.

— «Tres estrenos», *Ya,* Madrid, 22-VI-1946.

— «Teatro. Español. Tres estrenos», *Ya,* Madrid, 20-XII-1949, pág. 7.

— «Teatro Español. Comedias en un acto», *Ya,* Madrid, 17-VI-1952, pág. 6.

D. C. V. (CASTRO VILLACAÑAS, Demetrio), «Infanta Beatriz: Presentación de la Compañía de Teatro Moderno», *Arriba,* Madrid, 2-II-1946.

DELGADO BENAVENTE, Luis, *Tres Ventanas,* Drama, Madrid, Ediciones Puerta del Sol, Col. «Escena», 1955.

DÍAZ PLAJA, Guillermo, *Enciclopedia del Arte Escénico,* Barcelona, Noguer, 1958.

DOMÉNECH, Ricardo, *El Teatro de Buero Vallejo. Una meditación española,* Madrid, Gredos, 1.ª reimpresión, 1979.

F. de I., «Nueva presentación de *Arte Nuevo* en el Beatriz», *Pueblo,* Madrid, 12-IV-1946.

FLÓREZ, Rafael, «Jardiel Poncela y su cuaderno de bitácora», *La Estafeta Literaria,* Madrid, 27-II-1965.

FRAILE, Medardo, *«Arte Nuevo* es un arte eterno pero recién llegado», *Arriba,* Madrid, 31-III-1946.

— *El hermano, Acanto,* Suplemento de *Cuadernos de Literatura,* Madrid, núm. 11, noviembre 1947.

— «Una frase de la Poncia», *La Hora,* Madrid, 30-IV-1950.

— «Comentarios a un Manifiesto», *La Hora,* Madrid, 15-X-1950.

— «José Gordón quiere llevar teatro español a Francia e Inglaterra», Madrid, *Correo Literario,* 1-III-1952.

— «*Antígona* en el Palacio de la Magdalena», *El Alcázar,* Madrid, 4-IX-1952.
— «Twenty Years of Theatre in Spain», *The Texas Quarterly,* IV, núm. 1, (1961), págs. 97-101.
— «Charla con Antonio Buero Vallejo», *Cuadernos de ÁGORA,* núms. 79-82, mayo-agosto 1963, págs. 4-8.
— Crítica de *El Cuervo,* de Alfonso Sastre, *Cuadernos de ÁGORA,* Madrid, núms. 13-14, noviembre-diciembre 1957, págs. 40-41.
— Crítica de *Las cartas boca abajo,* de Antonio Buero Vallejo, *Cuadernos de ÁGORA,* Madrid, núms. 13-14, noviembre-diciembre 1957, págs. 41-42.
— Crítica de *Un soñador para un pueblo,* de Antonio Buero Vallejo, *Cuadernos de ÁGORA,* Madrid, núms. 27-28, enero-febrero 1959, págs. 44-45.
— Crítica de *La Cornada,* de Alfonso Sastre, *Cuadernos de ÁGORA,* Madrid, núms. 39-40, enero-febrero 1960, páginas 42-43.
— Crítica de *La madriguera,* de Ricardo Rodríguez Buded, *Cuadernos de ÁGORA,* núms. 49-50, noviembre-diciembre, 1960, pág. 49.
— Crítica de *El glorioso soltero,* de Joaquín Calvo Sotelo, *Cuadernos de ÁGORA,* Madrid, núms. 49-50, noviembre-diciembre, 1960, págs. 49-50.
— Crítica de *Las Meninas,* de Antonio Buero Vallejo, *Cuadernos de ÁGORA,* Madrid, núms. 49-50, noviembre-diciembre 1960, págs. 50-51.
— Crítica de *El tintero,* de Carlos Muñiz, *Cuadernos de ÁGORA,* Madrid, núms. 51-52, enero-febrero 1961, pág. 39.
— Crítica de *En la red,* de Alfonso Sastre, *Cuadernos de ÁGORA,* Madrid, núms. 51-52, enero-febrero 1961, pág. 41.
— Crítica de *Eloísa está debajo de un almendro* (reposición), de Enrique Jardiel Poncela, *Cuadernos de ÁGORA,* Madrid, núms. 59-60, septiembre-octubre 1961, págs. 42-43.
— Crítica de *El concierto de San Ovidio,* de Antonio Buero Vallejo, *Cuadernos de ÁGORA,* Madrid, núms. 71-72, septiembre-octubre, 1962, págs. 47-48.
— Crítica de *Aventura en lo gris,* de Antonio Buero Vallejo, *Cuadernos de ÁGORA* (dedicado a A. Buero Vallejo), Madrid, núms. 79-82, mayo-agosto 1963, págs. 44-45.
— Teatro y vida en España: *La Camisa, La Corbata* y *Tres*

sombreros de copa, Prohemio, Madrid-Pisa, 1, 2, septiembre 1970.

— *Samuel Ros (1904-1945). Hacia una generación sin crítica,* Madrid, Prensa Española, Col. «El Soto», 1972.

— *Literatura Española en Imágenes. Poesía y Teatro Contemporáneos,* Madrid, La Muralla, vol. 29, 1973.

— «Crónica de mí mismo y alrededor», *Las nuevas Letras,* Barcelona, núm. 8, 1988, págs. 70-79.

GARCÍA LORENZO, Luciano, «Prólogo», Antonio Buero Vallejo, *La detonación. Las palabras en la arena,* Madrid, Espasa-Calpe, Selecciones Austral, 1987.

GARCÍA LUENGO, Eusebio, «Madrileñismo y andalucismo teatrales», Madrid, *Cuadernos de Literatura Contemporánea,* números 9-10, 1943.

— *Entre estas cuatro paredes,* Madrid, Ediciones «Garcilaso», 1945.

— «Revisión del Teatro de Federico García Lorca», Madrid, *Cuadernos de Política y Literatura,* núm. 3, (1951).

GARCÍA PAVÓN, Francisco, *Teatro Social en España,* Madrid, Taurus, 1963.

GIULIANO, William, *Buero Vallejo, Sastre y el teatro de su tiempo,* Nueva York, Las Américas, 1971.

GORDÓN, José, y PASO, Alfonso, *Un tic-tac de reloj,* Comedia en un acto, Madrid, Ediciones «Arte Nuevo», 1947.

GUERRERO ZAMORA, Juan, «El teatro de humor de Joaquín Calvo Sotelo», *El Teatro de Humor en España,* Madrid, Editora Nacional, 1966.

— *Historia del Teatro Español,* Barcelona, Juan Flors, vol. III, 1961-1967.

JARDIEL PONCELA, Enrique, *El primer baile,* juguete cómico en un acto y en prosa, Madrid, Sociedad de Autores Españoles, 1911.

— *A las seis, en la esquina del bulevar,* entremés en un acto dividido en dos momentos, Madrid, Alfil, núm. 28 (con *Eloísa está debajo de un almendro),* 1952.

JIMÉNEZ VERA, Arturo, «Humor y moralidad en el Teatro de Joaquín Calvo Sotelo», The University of Alabama Press, tirada aparte de *Revista de Estudios Hispánicos,* vol. IX, número 1, enero 1975, págs. 131-141.

L. de A., «Informaciones y Noticias Teatrales y Cinematográficas. En sesión de Teatro de Cámara fueron representados en el Español *La voz humana, Compás* y *Cuando llegue el día»,* *ABC,* Madrid, 17-VI-1952, pág. 37.

LEY, Charles David, *La costanilla de los diablos* (Memorias Literarias, 1943-1952), Madrid, José Esteban, Editor, 1981.

LUIS, Rafael de, «El *Times* pasa revista a la literatura actual española», *Ya,* Madrid, 31-VIII-1952.

MALLO, Jerónimo, *«La Muralla* y su éxito en el teatro contemporáneo español», *Hispania,* California, septiembre 1962.

MARISCAL, Ana, *Cincuenta años de teatro en Madrid,* Madrid, El Avapiés, 1984.

MARQUERÍE, Alfredo, «Infanta Beatriz: Presentación de la Compañía de Teatro Moderno *Arte Nuevo* y estreno de tres piezas en un acto», *ABC,* Madrid, 1-II-1946.

— «Infanta Beatriz: Representación de *Arte Nuevo»,* *ABC,* Madrid, 12-IV-1946.

— «Infanta Beatriz: Estreno de tres comedias de la entidad *Arte Nuevo»,* *ABC,* Madrid, 22-6-1946.

— *Veinte años de teatro en España,* Madrid, Editora Nacional, 1958.

— *Alfonso Paso y su Teatro,* Madrid, Escélicer, 1960.

— «Jardiel y el jardielismo», *La Estafeta Literaria,* Madrid, 27-II-1965.

— «Novedad en el teatro de Jardiel», *El Teatro de Humor en España,* Madrid, Editora Nacional, 1966.

MUÑIZ, Carlos, *Teatro,* Madrid, Taurus, 1963.

OBREGÓN, Antonio de, «Joaquín Calvo Sotelo», *Arriba,* Madrid, 22-VII-1939.

— «Estreno en el Español de *Víspera,* comedia en tres actos, original de Samuel Ros», *Arriba,* Madrid, 15-V-1941.

PÉREZ MINIK, Domingo, *Teatro Europeo Contemporáneo,* Madrid, Guadarrama, 1961.

PÉREZ-STANSFIELD, María Pilar, *Direcciones del Teatro Español de Posguerra,* Madrid, José Porrúa Turanzas, 1983.

POZO, Mariano del, «Los botones del televisor», *Crítica,* 19-III-1963.

PREGO, Adolfo, «Jardiel ante la sociedad», *El Teatro de Humor en España,* Madrid, Editora Nacional, 1966.

PRIETO, Antonio, «Veinte años de Literatura», *Arriba,* Madrid, 19-IV-1959.

RAMOS RODRÍGUEZ, José, «Teatro Experimental. Cuatro estrenos de *Arte Nuevo»,* *Aspiraciones,* Madrid, enero 1948.

— «Teatro Experimental. *Arte Nuevo* continúa...», *Aspiraciones,* Madrid, abril-mayo 1948.

Rico, Francisco, ed., *Historia y Crítica de la Literatura Española:* Domingo Ynduráin, *Época Contemporánea:* 1939-1980, VIII, Barcelona, Crítica, 1981.

Rodríguez de León, Antonio, «De Semana en "Semana"», *Semana,* Madrid, 23-IV-1946.

Ruiz Fornells, Enrique, «Notas sobre el Teatro de Joaquín Calvo Sotelo», Madrid, tirada aparte de *Revista de Archivos, Bibliotecas y Museos,* t. LXXVIII, I, págs. 429-436, 1975 (?).

Ruiz Iriarte, Víctor, *El aprendiz de amante y Un día en la Gloria,* Madrid, Alfil, Col. Teatro, núm. 35, (1952).

Ruiz Ramón, Francisco, *Historia del Teatro Español. Siglo XX,* Madrid, Cátedra, 7.ª ed., 1986.

Sánchez Camargo, Rafael, «Presentación de *Arte Nuevo*», *El Alcázar,* Madrid, 1-II-1946.

— «*Arte Nuevo* en el Infanta Beatriz», *El Alcázar,* Madrid, 12-IV-1946.

Sastre, Alfonso, *Drama y Sociedad,* Madrid, Taurus, 1956.

— «Teatro imposible y pacto social», *Primer Acto,* Madrid, núm. 14, mayo-junio 1960.

S/F «Hoy martes se celebrará la centésima representación de *El pañuelo de la dama errante*», *Arriba,* Madrid, 4-XII-1945, pág. 4.

— «Compañía de teatro de vanguardia en el Beatriz», *Pueblo,* Madrid, 2-II-1946.

— «Arte Nuevo», *Dígame,* Madrid, 5-II-1946.

— «Teatro», *Semana,* Madrid, 5-II-1946.

— «*Arte Nuevo* en el Beatriz», *Marca,* Madrid, 12-IV-1946.

— «*Arte Nuevo* en el Infanta Beatriz», *Dígame,* Madrid, 16-IV-1946.

— «The Spanish Literary Scene», *Times Literary Supplement,* Londres, 29-VIII-1948.

— *Teatro de Vanguardia. 15 obras de «Arte Nuevo»,* Madrid, Ediciones Perman, 1949. («Prólogo» de Alfredo Marquerie; «Estudio» de Antonio Rodríguez de León.)

— «Tole-tole de la Tele», *Hoja Oficial del Lunes,* Madrid, 18-III-1963.

Torrente Ballester, Gonzalo, *Teatro 1,* con «Prólogo» del autor, Barcelona, Destino, 1982.

— *Teatro Español Contemporáneo*, Madrid, Guadarrama, 2.ª edición, 1968.

VALBUENA PRAT, Ángel, *Historia del Teatro Español*, Barcelona, Noguer, 1956.

— *Historia de la Literatura Española*, VI, *Época Contemporánea*, 9.ª ed., ampliada y puesta al día por María del Pilar Palomo, Barcelona, Gustavo Gili, 1983.

TEATRO ESPAÑOL EN UN ACTO
(1940-1952)

Medardo Fraile, Aldecoa, Costas, Palacio, Justo Sanz y Sastre, 1953

Samuel Ros

En el otro cuarto

Tragedia en un acto y tres mutaciones

Estrenada el 21 de noviembre de 1940 en el teatro
Alcázar, de Madrid, con el siguiente

REPARTO

VIAJERO:	Mariano Asquerino
CRIADO:	José Bernal
HOMBRE:	José Montijano
ÉL (EL CHICO):	Ismael Merlo
ELLA:	María Paz Molinero

En dos habitaciones de un modesto hotel de puerto se desarrolla la acción; una, de papel azul, con grabado de Napoleón Bonaparte, y otra, de papel rosa, con grabado de Chopin. La cama es de hierro negro, con colcha blanca. La mesita de noche, entre la cama y la puerta de entrada, en el foro, es alta y con piedra de mármol; triste y significativa, como todas estas mesitas de noche, en cuyos cajones quedan siempre cosas inútiles, sucias y feas. En el centro hay una mesa con un tapete de terciopelo granate muy manchado. En ambos laterales, puertas que comunican con cuartos vecinos. En el foro, al otro lado de la puerta y de donde quedó la cama, una ventana y un raquítico lavabo con depósito de agua colgado de la pared y miserable cubo de cinc sobre el que cae continuamente una gota, cuyo ruido monótono e insistente debe llegar hasta el espectador. Los visillos blancos de la ventana que mira al mar son lo único alegre para los ojos.

El decorado es el mismo siempre, pero el color y el dibujo del grabado se transforman según la luz que lo ilumina. Es una hora bastante avanzada de la noche.

Poco después de levantarse el telón se abrirá la puerta del foro y aparecerá el Viajero seguido del Criado. El Viajero es hombre de cuarenta y tantos años; lleva amplio abrigo con el cuello levantado, y sombrero que da sombra a su rostro. El Criado es joven y está entre el Camarero y el Mozo de taberna; lleva una pequeña maleta de cuero, que dejará en cualquier lugar de la escena. En el tiempo en que la puerta está abierta, para darles paso, se oye una música de acordeón que viene de la planta baja. El viajero mira con asombro y preocupación en torno suyo.

VIAJERO.   No es éste el cuarto que quiero.
CRIADO.   Todos son iguales.

VIAJERO.   Para mí, no... Enséñame los otros cuartos.

CRIADO.   Éste es el único cuarto desocupado en el piso... Los de arriba son peores, más pequeños y sin agua corriente.

VIAJERO.   La ventana daba al puerto y estoy seguro de que era este piso.

CRIADO.   Aquí sólo hay tres habitaciones, las tres dan al mar..., y se comunican por esas puertas... La de ahí es color de rosa...

VIAJERO.   Sí, color de rosa; ahora recuerdo, era color de rosa y tenía un grabado igual que ése, pero de un músico...

CRIADO.   Chopin.

VIAJERO.   Chopin, sí... Cierto, era Chopin.

CRIADO.   Lo dice un letrero igual que ése *(señala el grabado)*.

VIAJERO.   Llévame a ese cuarto.

CRIADO.   Está ocupado... *(Bajando la voz con tono de picardía y de intimidad.)* Hay una pareja.

VIAJERO.   He venido para ocupar esa habitación... *(Sacando su cartera.)* Ofréceles dinero, consigue que cambien su cuarto por éste...

CRIADO.   Imposible... Imposible.

VIAJERO.   ¿No te importa el dinero?

CRIADO.   Cuando se puede ganar, sí... El patrón no quiere que se moleste a las parejas... La Policía anda siempre detrás de las parejas...[1] Este es el único lugar donde pueden estar tranquilas... Por eso vienen gentes de condición..., como el señor, que salta a la vista que es persona principal... Si yo contase la gente que he visto por aquí, no lo creerían... Señoras que usted diría...

VIAJERO.   Bueno, calla... Déjame.

CRIADO.   *(Acercándose y apagando el tono de la voz.)*

---

[1] La policía, en esos años, vigilaba, en efecto, el comportamiento de las parejas de novios, multaba por besarse, etc., creyendo contribuir así al saneamiento de la moral pública.

Casi ninguna pareja pasa la noche entera... El letrero dice «Habitaciones para dormir», pero aquí no duerme nadie.

VIAJERO. Me avisarás cuando se marchen.

CRIADO. Sí... No pueden tardar. El muchacho se marcha en el *Horizonte,* que zarpa antes del amanecer. Ella no debe ser de lejos de aquí, tendrá que regresar a su casa aún de noche.

VIAJERO. Esperaré... Vendrá una persona preguntando por mí; no puede tardar; condúcela hasta aquí.

CRIADO. Comprendo... Tampoco el señor ha venido para dormir.

VIAJERO. Ahora súbeme una botella de ginebra y papel de escribir y tintero... *(Le entrega un billete, que el otro agradece con grandes reverencias.)*

CRIADO. *(En el mutis, con intención.)* «Habitaciones para dormir»..., para dormir...

(VIAJERO abre la ventana y respira el aire frío de la noche. Se oye la sirena de un barco que zarpa. Cierra la ventana con un calofrío. Habla despacio, mirando la escena y cada una de las partes que nombra; se mira en el pequeño espejo que hay sobre el lavabo.)

VIAJERO. Todo igual... La ventana, la cama, esa mesa, el lavabo... Sólo yo he cambiado... Pero el papel era color de rosa y en el cuadro estaba Chopin... ¡Napoleón!... ¡Napoleón!

CRIADO. *(Con el servicio pedido.)* Ginebra... En la ciudad no encontraría de ésta.

VIAJERO. *(Abstraído en su pensamiento.)* ¡¿Cómo es?!

CRIADO. No la hay mejor... Gente retirada del mar, viene de tierra muy adentro para beberla... Dicen que apaga la sed de mar.

VIAJERO. ¿Morena?

CRIADO. ¡¿Qué?!... ¿De quién habla?

VIAJERO.   De la chica que está en ese cuarto de al lado.

CRIADO.   ¡Ah! No sé... No me fijé... Pero es muy joven, y él también... Él se marcha y la novia quiere ser más antes de separarse. Él jura que volverá..., pero son muy pocos los que vuelven... Ellas esperan toda la vida... Parejas de éstas se ven aquí cada día...

VIAJERO.   ¿Estás mucho tiempo en la casa?

CRIADO.   Va pa cinco años... *(Haciendo la voz confidencial.)* El amo es de los que se fueron y volvió... Por eso ayuda a los enamorados... ¡La Policía!

VIAJERO.   Déjame solo.

CRIADO.   La ginebra no es mala compañía... *(En el mutis por puerta foro, que deja oír la música del acordeón.)* Hay compañía mejor.

(VIAJERO se sirve ginebra y se frota las manos para entrar en calor. Mira muy despacio en torno, deteniendo su mirada principalmente en la puerta lateral derecha. Después, ante la cama, apoya blandamente las manos; mira su reloj, enciende un cigarrillo, saca una pistola del bolsillo del gabán y la coloca sobre la mesa. Se sienta y escribe; pocos momentos después suenan golpes en la puerta del foro.)

VIAJERO.   Adelante.

(La puerta se abre y entra un HOMBRE con una gran cartera de papeles y la conocida música.)

HOMBRE.   *(Avanzando.)*   Aquí estoy, a sus órdenes.

VIAJERO.   Gracias... Ya estaba impaciente... Temía no haberle explicado bien el sitio.

HOMBRE.   Es de sobra conocido este lugar... No goza de muy buena fama... Jamás creí entrar aquí.

VIAJERO.   Siéntese... ¿Trae usted los papeles?

HOMBRE.   Sí... *(Abriendo su cartera.)* El pasaporte, el pasaje...

VIAJERO.   ¿Los documentos para la firma?

HOMBRE.   Aquí están...

VIAJERO.   ¡Vengan!... Deseo terminar.

HOMBRE.   *(Con voz emocionada.)* El paso es decisivo... Me permito aconsejarle, o mejor, me permito recomendarle que se lleve las escrituras y me las envíe desde allá... Durante la travesía tiene tiempo de pensar.

VIAJERO.   Está decidido... *(Firma rápidamente varios pliegos.)* Está decidido.

HOMBRE.   ¿Instrucciones?

VIAJERO.   Las dejaré escritas... Pienso escribir toda la noche... Las recibirá mañana... Acaso... Tal vez las envíe... No sé todavía.

HOMBRE.   Bien, bien... ¿Entonces?

VIAJERO.   Nada más... ¿Quiere usted beber?

HOMBRE.   No, gracias... ¿Volverá alguna vez?

VIAJERO.   Nunca.

HOMBRE.   Muchos años de ausencia... En seguida comprendí que iba a fatigarle una vida tan diferente...

VIAJERO.   Sí, tan diferente... Estoy fatigado.

HOMBRE.   ¡El trabajo!

VIAJERO.   ¡El inútil trabajo!

HOMBRE.   Sí... Sí... Es tarde, debe usted descansar. *(Se levanta y el otro le imita.)* Le deseo un buen viaje.

VIAJERO.   Gracias.

HOMBRE.   Y le renuevo mi adhesión...[2] Quisiera serle siempre útil... Si alguna vez...

VIAJERO.   Gracias... Gracias... ¿Quiere usted que nos despidamos con un abrazo?... *(Se abrazan.)* No tengo otro para el adiós... Dos hombres que se despiden con un

---

[2] *Y le renuevo mi adhesión.* Frase, de inferior a superior, muy de esos años. El Hombre entró poniéndose a las órdenes del Viajero. Recuérdense los certificados de «adhesión al Glorioso Movimiento Nacional», en una España compulsivamente adjetiva.

abrazo y apenas han hablado en su vida no pueden equivocarse.

HOMBRE. Las cartas... Son tantos años de cartas... ¡Valen tanto como dos hombres!

VIAJERO. (*Acompañándole puerta foro.*) Adiós, amigo mío.

HOMBRE. (*Mirando el cuarto antes de salir.*) Mal sitio escogió usted para su última noche... ¡¿Acaso?!... ¿Aquí?

VIAJERO. ¡¡Sí!!

HOMBRE. Lo siento... Lo siento... En fin, mañana estará usted en el mar. (*Hace mutis.*)

(*Se oye una risa de mujer en el cuarto de al lado. El* VIAJERO *siente un estremecimiento. Se aproxima a la puerta y escucha un instante. Después se dirige a la mesa y escribe durante unos momentos, hasta que le interrumpe un sollozo sostenido y apagado de mujer, que llega del cuarto de su preocupación. Se levanta, vacila, y se dirige hacia la puerta del otro cuarto...; duda, pero al fin pega su oído a ella. Se hace oscuro en escena; cambia la luz y aparece la habitación de al lado, de papel color de rosa y grabado de Chopin. En la cama hay una muchacha joven, de rodillas, inclinada hacia el chico que está sentado a los pies.*)

ELLA. No puedo resistir tanto dolor.... (*Solloza.*) ¡No puedo!

ÉL. María, María, María.

ELLA. Y al mismo tiempo soy feliz y estoy alegre... (*Intenta reír.*)

ÉL. María, María, María. (*Se abrazan.*)

ELLA. ¡Mañana!

ÉL. ¡Mañana!

ELLA. Tú no pronuncias esa palabra como yo... Cuando tú dices mañana, aunque no quieras, es una palabra hermosa, llena de esperanza... Si yo digo mañana, da miedo escucharla, es terrible... ¡¡¡Mañana!!!... Repite tú, repite tú.

ÉL. *(Esforzándose para que su voz sea triste, sin conseguirlo.)* ¡Mañana!

ELLA. ¡Oh!... ¡Calla!... ¡Calla!... Me asusta, me asusta esa palabra en tu boca... y en la mía.

ÉL. María, María, María.

ELLA. Estarás lejos... Ni siquiera podrás pensar en esto... ¡Tanto mundo nuevo!

ÉL. No me atormentes... No hay remedio... Tiene que ser así... Te quiero, te querré siempre, pero es preciso que embarque... Ahora estoy arrepentido de que hayas venido aquí.

ELLA. Tú en la madrugada en medio del mar..., ¡y yo!... *(Solloza y le abraza.)*

ÉL. *(Desesperado.)* ¡No tengo culpa!...

ELLA. No..., pero estaré siempre sola... ¡Quisiera ser viento para seguirte!

ÉL. Volveré rico y poderoso... Traeré los ojos saciados de sed de mirar... Ya no serán mis oídos, como ahora, un tormento pegado a mi cabeza... *(Exaltado.)* No tendré que escuchar a los otros... Me escucharán a mí... Lo sabré todo por mí, seré un hombre... ¡Un hombre, María! Y te contaré a ti todo lo que está sobre el mar... y al otro lado del mar.

ELLA. No te marches... ¡No quiero que te marches!... Me siento para ti más ancha y más profunda que el mar...; puedo darte más cosas que el mundo entero... No te marches... Tengo miedo por los dos... *(Llora desconsolada.)*

ÉL. María... No debiste venir... Hubiese sido mejor decirnos adiós de otra forma...

ELLA. *(Abrazándole.)* ¡Quédate!

ÉL. Perdona, María... No puedo... Me dan miedo los árboles tan quietos... Me voy sin querer con cada nube que pasa... Pero las nubes se marchan, se marchan y vuelven siempre... Yo también volveré, María.

ELLA.   Allá en las rocas, cuando me abrazabas frente al mar, ya estabas lejos... Tu alma hace tiempo que se ha embarcado... Todo mi amor ha sido inútil, hoy lo comprendo... Yo creí que podría curar tu afán de nube, de humo y viento... Yo esperaba, esperé siempre, pero ya es inútil esperar... Dentro de mi pecho hay una palabra que podría retenerte, pero no la encuentro... y, sin embargo, podría hacerte quedar... No la encuentro, la busco desesperadamente desde que te conozco, y cuando creo que voy a pronunciarla, yo misma quedo deslumbrada, y lloro..., lloro como ahora, porque la olvido antes de que salga a mis labios... ¡Mañana!

(Llora largo rato; él le acaricia los cabellos.)

ÉL.   María, María, María.

(En la puerta de comunicación suenan golpes que se suceden cada vez con mayor violencia. La pareja se mira medrosa y consternada. Él se levanta indeciso y ordena sus ropas y sus cabellos.)

ELLA.   Tengo miedo... No abras... No abras... ¡Dios mío!... (Se cubre el rostro con las manos.)

(Se hace oscuro otra vez en escena y aparece el cuarto azul con la puerta del foro abierta. Sigue la música del acordeón. Entra el VIAJERO seguido del CHICO. El muchacho, tímido y tembloroso. El VIAJERO, sombrío.)

VIAJERO.   Pase usted. Necesito hablarle.
EL CHICO.   ¡¿Qué quiere?!... ¡Quién es usted!
VIAJERO.   ¡Siéntese!... Por favor, siéntese... Es preciso que le hable...
ÉL CHICO.   Yo no tengo culpa... Déjeme que le explique...

VIAJERO.   ¡Siéntese!... (EL CHICO *obedece. Sirviéndole ginebra.*) Beba, procure tranquilizarse...

EL CHICO.   Tengo mis papeles conformes...[3] Por favor, déjeme salir... Debo embarcar en seguida.

VIAJERO.   En ese cuarto de al lado hay una muchacha que llora porque se marcha usted.

EL CHICO.   Sí, pero yo no la he engañado.... Ella sabía...

VIAJERO.   ¡No puede marcharse!...

EL CHICO.   Ella vino por su voluntad para despedirme...

VIAJERO.   Aún no tiene veinte años... Es hermosa; el pelo negro, sus grandes ojos siempre asustados...

EL CHICO.   Sí... ¡¿Cómo sabe usted...?!

VIAJERO.   Cuando usted la besa, ella tiembla como si se evaporase su alma por su piel tostada, suave, caliente...

EL CHICO.   (*Muy bajo.*)   Sí... Sí...

VIAJERO.   Perfuma el aire su alma... Tiene un lunar pequeño y oscuro en una mejilla...

EL CHICO.   Sí... Sí... (*Como obsesionado.*)

VIAJERO.   Y una cicatriz pequeña en el hombro izquierdo... tan poco dibujada que apenas se puede ver...

EL CHICO.   Sí... Sí...

VIAJERO.   Y en la frente una arruga perpetua que la hace siempre triste aunque esté alegre...

EL CHICO.   (*Levantándose como si saliese de una pesadilla.*)   ¡Basta!... ¡¿Quién es usted?¡ (*Pausa.*)

VIAJERO.   Hace veinte años yo estaba en ese cuarto de al lado con una mujer... Lloraba... y me marché... No comprendo por qué, pero me marché... Y hoy he venido dispuesto a terminar mi vida en ese cuarto de al lado, donde usted se despide de una mujer...

EL CHICO.   ¡¿Qué quiere usted de mí?!... ¡¿Qué culpa tengo yo?!

---

[3] *Tengo mis papeles conformes* o en regla: su documentación. El Chico parece creer que el Viajero es un policía.

VIAJERO.   No se marche... Yo he vivido veinte años para recordar cada día una noche y este lugar... Yo le puedo decir a usted la verdad...

EL CHICO.   ¡¿La verdad?!

VIAJERO.   Sí... Esta sencilla verdad... Es inútil que se marche... Sobre el mar no hay nada suyo... En las tierras nuevas no ha nacido nada para usted... Lo suyo, lo que usted buscará siempre inútilmente si lo pierde hoy, es esta noche inventada por Dios especialmente para usted en ese cuarto de al lado.

EL CHICO.   ¡Dios mío!... Yo debo marcharme... Me moriría si no me marchase...

VIAJERO.   ¡Escuche!... Yo he vivido devorado por el recuerdo, clavado en un punto fijo del tiempo que ya no existe... Al principio trabajé fuerte, la vida me parecía infinita y el mundo pequeño para mi aliento... El primer día que descansé surgió ella de nuevo en mi corazón... Desde entonces mi mayor esfuerzo fue luchar con el recuerdo... Me agoté estérilmente y el recuerdo me venció; en todas partes estaba ella, sobre todos los paisajes y sobre todos los rostros... Mi pensamiento caía siempre sin remedio en una noche y en ese cuarto de al lado... Ni siquiera distinguía el color de la pared; pero a ella sí, estaba siempre a mi lado, con su pelo negro y sus ojos negros asustados..., el perfume de su alma, su cicatriz en el hombro y la arruga de su frente... *(Se sirve un vaso de ginebra, que apura de un golpe.)* La he buscado inútilmente... He conseguido todo lo que anhelaba, y de nada me sirve... Aquí tampoco hay nada mío... El dinero se ha convertido en cenizas entre mis manos, el alma me baila en el pecho como extraña a mi cuerpo...

EL CHICO.   ¡Calle usted!... ¡Calle usted!... No siga.

VIAJERO.   Aquí los hombres me huyen y la tierra me muerde los pies con asco. ¿Porque me marche?... ¿Sabe usted por qué se marcha hoy? *(Pausa larga.)*

EL CHICO.   No puedo vivir quieto... Mi corazón me empuja hacia delante... Me siento aquí como ciego y como sordo... Ni mis ojos ven nada, ni mis oídos escuchan nada... Siento lejos la música y la luz... Me marcho para llenar mi alma vacía... Si usted cierra los ojos, sus ojos vuelven a ver dentro de usted mismo todo lo que miraron, y sus oídos, en el mayor silencio, encuentran la música que ya escucharon... Yo soy para mí mismo ciego y sordo... Es tan natural que los otros me vean aquí, que cuando me miran parezco invisible, de tan indiferente como les soy... Me marcho para que hombres desconocidos me den la prueba de mi existencia... Muchos días salgo a la calle y corro detrás de unos y de otros para que se fijen en mí y me den la conciencia de que existo: «Buenos días», grito. «Buenos días.» Parezco loco. «Buenos días...», todos me contestan igual... «Buenos días», y llego a no saber si es una o muchas voces las que dicen «Buenos días...» Los árboles me parecen hombres condenados... Corro para que no me coja la tierra y me clave con raíces...[4] Sólo en el mar podré estar tranquilo...

VIAJERO. Al volver nadie me esperaba... A nadie importa hoy que me marche o que muera... El huerto que me vio nacer se ha encogido para que no viese sus flores un desconocido... ¡Son veinte años tan extraños a mi persona! Caben en muy pocas palabras, y nada importan ni a mi cabeza ni a mi corazón... ¡Tanto fuego y tan poca ceniza!... Me he quedado sin mi tiempo, me han robado, no tengo nada, como si no hubiese vivido, como si el mar hubiese sepultado mis días inútiles... Soy un hombre sin raíz... Yo no sé nada de mí mismo, no sé lo que hice ni lo que fui... Nada ni nadie pueden decírmelo... Si usted sale a la calle, le saludarán y le podrán devolver su tiempo... Le dirán: «¡Hola!...» «¡Hola, tú!...», y le preguntarán por su trabajo y su gente... Le recordarán el tiempo vivido, y usted se sentirá dueño y repleto de su tiempo...

---

[4] Tema repetido en Ros. Véanse «Interviú con un árbol», *Arriba*, 25-IV-1944, y el cuento «El hombre y el árbol», en *Vértice*, núm. 43, abril 1941.

Si yo salgo al mundo..., nadie me dirá: «¡Hola!...» «¡Hola, tú...» Yo soy como un árbol, pero sin fruto ni raíces, como un árbol que caminase por el desierto o sobre el mar... Sólo existe el cuarto de al lado..., pero vacío ya para mí... Me marché en busca de paisajes, y una bruma densa cubrió mis ojos para que sólo viera el paisaje que dejé... Me fui en busca de rostros desconocidos, y todos se transformaron en un solo rostro, que quedó llorando por mi marcha, sin que pueda saber hasta dónde ni hasta cuándo ha llorado... He vivido veinte años con la obsesión fija de un solo paisaje, un solo rostro y una sola hora... ¡Es terrible!... Ya sabe la verdad... Enfrente tiene usted sus veinte años; ahora haga usted lo que quiera... Si se marcha, volverá y no encontrará nada... Escribirá una carta y se pegará un tiro en la sién...

El Chico. Mi corazón se ha secado... Tengo miedo y asco, como si usted hubiese masticado mi vida... No me marcho... Me hizo usted viejo.

Viajero. Yo sí me marcho otra vez... Me ha quitado usted la voluntad de morir; ¿para qué?... Es igual... Usted me ha dicho por qué me marché veinte años atrás... Fue una fuerza superior a mí mismo... Allá el recuerdo no me dejó un minuto... ¡Adiós!...

El Chico. Acaso lo mejor sea nacer lejos de todas partes... Acaso se tenga que ir a otros lugares, como el árbol cuando el fuego lo convierte en humo...

Viajero. Se queda usted, como la imagen que dejé en el espejo veinte años atrás.

El Chico. Me quedo, como si hubiese regresado al cabo de veinte años de ausencia...

(*El* Viajero *se enfunda el abrigo, se cubre con el sombrero, coge la maleta y hace mutis por el foro, despacio y mirando detenidamente la escena. Al salir deja la puerta abierta. Llega de nuevo la música del acordeón hasta el espectador.* El Chico *está derrumbado en una silla junto a la mesa, con la cabeza apoyada en ella y*

oculta entre las manos. Por el foro aparece María. Tiene
otro gesto y otra voz de dulce serenidad; le apoya blanda-
mente la mano en un hombro, después le acaricia la
cabeza.)

ÉL. *(Sin descubrir su rostro.)* María, María, María.

ELLA. ¡Mañana estarás en el mar!

ÉL. No... Mañana y siempre estaré aquí contigo... Ya sé lo que hay en el mar y al otro lado del mar... No existe lo que buscaba... Otro hombre me dio mis años vividos...

ELLA. No... ¡Bah!... ¡¿Quién puede vivir la vida de otro?!... Mentira, todo mentira. Tú tienes tu propia vida para ti... ¡Allá el que haya vivido el tiempo con su tiempo!... El tuyo está en blanco y puedes llenarlo con todas tus esperanzas cumplidas...

ÉL. María... ¡¿Cómo sabes tú?!

ELLA. Lo escuché todo detrás de esa puerta... Tú crees que has vivido veinte años, pero yo sí que he vivido más que tú... Me he pasado de la vida, y ya lo comprendo todo perfectamente... Debes marcharte...

ÉL. No, María... El dinero será ceniza, el alma me bailará en el pecho y la tierra me morderá los pies...

ELLA. Debes marcharte... Aquí serías siempre ciego y sordo..., tendrías el alma vacía... Todas las voces te parecerían la misma.

ÉL. ¿Tú, María?

ELLA. Yo guardaré todo tu tiempo... Comprendo que debo esperar... Encontrarás mi recuerdo en todas partes... Como si me marchase contigo, me verás sobre el mar y bajo los rostros nuevos... Me encontrarás sobre toda la tierra... ¡Todo te espera allá!

ÉL. *(Con alegre esperanza.)* ¡María!

(ELLA se dirige a la ventana, abre y adelanta su rostro a la noche.)

ELLA. El puerto está hermoso... Corre el viento norte con prisa... Las estrellas están tiernas de luz... No tardará en amanecer... Mira tu barco... No es el más rico, pero sí el más bonito... Asómate... Ven... (ÉL *obedece.*) Me parece que he navegado siempre en ese barco y no conozco la tierra... Lleva el nombre más hermoso: *Hori-zonte*... Creo que esa palabra es la que buscaba en mi pecho y nunca la podía pronunciar... Es una palabra que deslumbra y llena los ojos de lágrimas: *Horizonte*... El cielo parece otro mar arriba...

ÉL. María... (*La besa apasionadamente.*) ¿Me esperas en la puerta más avanzada cuando vuelva?

ELLA. Sí. En una hora cabe tanto amor como en una vida... Es tarde; tú debes ir a bordo, y yo debo estar en casa antes del amanecer, para que no se enteren...

ÉL. María... Volveré...

ELLA. Sí... Volverás... (*Se besan. ÉL llora.*)

ELLA. Seamos valientes... Como si dentro de unos instantes nos volviésemos a juntar a bordo del *Hori-zonte*...

ÉL. Ahora... Soy yo el que tiene miedo... ¡Hace frío!...

ELLA. El mar ahogará todo tu miedo... Mira, parece otro cielo el mar... (ÉL *queda mirando por la ventana;* ELLA *hace mutis y vuelve con el abrigo de* ÉL; *en silencio le ayuda a ponérselo, le sube el cuello y lo empuja hacia la puerta.*) Tú debes salir primero... Adiós... Adiós...

ÉL. (*Muy bajito, repite, haciendo mutis.*) María, Ma-ría, María...

(ELLA *queda de pie, estática, un momento. Después ahoga entre sus manos un sollozo. Se asoma a la ventana y le despide con la mano.*)

ELLA. ¡Hace frío!... ¡El cielo también debe tener barcos para navegar! (*Abandona la ventana y mira en derredor suyo con extrañeza.*) Horizonte es un bello nombre de barco y una palabra que deslumbra y hace llorar... *(Llora.)* ¡Siento lejos la música y la luz!... Me marcho para llenar mi alma vacía... ¡Es tan natural que los otros me vean aquí!... *(Solloza nuevamente.)* «Buenos días...» «Buenos días...» Corro para que no me coja la tierra...

(María llega junto a la mesa abstraída, sugestionada por las palabras que ÉL *pronunció. Al advertir la carta que el* VIAJERO *comenzó a escribir, la toma y lee.)*

ELLA.   Querido Amor: Te he buscado inútilmente, y al fin comprendo que es en la muerte donde te puedo encontrar... Estoy en el hotel donde nos dijimos adiós. En nuestro cuarto hay otra pareja que se despide; ella llora como tú y él repite su nombre como yo. Espero que se marchen para encerrarme con tu recuerdo en ese cuarto, que es color de rosa y tiene un grabado de Chopin... ¿Te acuerdas tú?...

(A María le tiemblan las manos y continúa leyendo la carta sin voz, con los labios convulsos... Al dejar el papel, su mano tropieza con la pistola... Mira asustada en torno suyo... En el puerto suena una sirena... Corre ELLA *a la ventana. Después vuelve a la mesa y escribe unos minutos rápidamente. Toma la pistola y se dirige a la cama. Mueve la cabeza, sacudiendo su pelo alborotado y su pensamiento. Cae de bruces en la cama y se dispara un tiro en el vientre. En el último instante, antes de abatir la cabeza a la muerte, mira el grabado y exclama escupiendo la palabra con desprecio: ¡Napoleón!... ¡Napoleón!...)*

(La luz transforma el color azul en color rosa y a Napoleón en Chopin. La música de acordeón suena alejándose, y en el punto que termina la sustituye música de Chopin, que suena aproximándose. Otra voz de mujer dice):

51

Voz. ¡Chopin!... ¡Chopin!

(Del puerto llega un alegre alboroto de sirenas por la ventana abierta, y un viento suave agita alegremente las blancas cortinas.)

TELÓN

Hotel modesto de puerto, con «habitaciones para dormir». Hace veinte años, en un cuarto rosa —mujer— con un grabado de Chopin —amor—, ocurría la misma escena que ocurre ahora, evocada aquélla —y escuchada ésta— por el Viajero, que se hospeda, de momento, en el cuarto azul —hombre—, con un grabado de Napoleón —poder, ambición—, mientras espera que se desaloje el cuarto rosa para suicidarse en él.

Sin conexión aparente, con personajes distintos, la historia completa ante el espectador en dos habitaciones. Principio (rosa) y fin (azul). El *nudo* es de angustia, porque el Viajero ha vivido ausente veinte años con la obsesión fija de un paisaje —el que dejó—, un rostro —el de Ella— y una hora —la de la despedida. En realidad, da lo mismo que el cuarto rosa permanezca a oscuras y el azul con luz. El Criado pronto nos dirá por qué, y la batería es consecuente con lo que pasa: una pareja se despide apasionadamente en la habitación rosa; un hombre desvencijado, de vuelta, se despide del mundo en la otra. La historia se repite: lo que hizo el Viajero —dejar a su amada, buscar poder, «horizontes», con la promesa volátil del regreso—, va a repetirlo el muchacho del *otro cuarto*. Y el Viajero siente necesidad imperiosa de aconsejarle que no se vaya. En pocas, apretadas páginas, los designios de la obra giran vertiginosamente, la parla del Chico no se diferencia de la del Viajero —son, en realidad, el mismo—, decide, por fin, no irse; acabará marchándose; el Viajero abandona la idea del suicidio y María, la muchacha, será la que se mate, escupiendo el nombre de Napoleón. Pero como «en una hora cabe tanto amor como en una vida», milagro del amor de Ella, el azul del cuarto donde agoniza se vuelve rosa y Napoleón hace mutis y deja paso a Chopin.

Pese a su claro código de señales escénico, *En el otro cuarto* no es simple en su desarrollo, ni en sus incógnitas que, por supuesto, *actúan* y forman parte *real* de la obra. ¿Por qué el suicidio de María? Las confidencias del novio al Viajero, ¿le descubren el valor secundario de su amor por ella? Las confesiones del Viajero, ¿le infunden el deseo de que el novio la recuerde siempre? ¿Por qué se olvida el Viajero de la pistola? ¿Quién es? ¿Es hombre real o emisario borroso del Destino? Su amante, ¿se mataría también? Sólo sabemos que la buscó inútilmente.

Pervivencia romántica, tópicos sentimentales, nostálgicos —hotel modesto, amor apasionado, puerto, suicidio, carta, sirenas de barco, música de acordeón, ginebra, despedida, aire frío de la noche— y, como toda la obra de Samuel Ros, nos airea sus propios dilemas y personal angustia. Sempiterno «viudo» de su novia muerta, escritor con dinero y falangista ilustre además, prefería su realización personal en intimidad plena al ajetreo sin alma de los cargos políticos, la brisa chopiniana del *Nocturno núm. 2* o *Tristeza* al clamor napoleónico del caudillaje.

Víctor Ruiz Iriarte

Un día en la Gloria

Esta comedia se estrenó por primera vez en España en el teatro Argensola, de Zaragoza, el 23 de septiembre de 1943, y en el teatro Español, de Madrid, por el cuadro del Teatro Español Universitario, la noche del 4 de julio de 1944, con el siguiente

REPARTO

EL CHAMBELÁN DE LA GLORIA:	José Franco
EL HERALDO:	Augusto Domínguez
SARAH BERNHARDT:	Cecilia Ferraz
JUANA DE ARCO:	Mary Campos
ELLA:	Angelines Campos
DON JUAN:	José Luis Heredia
NAPOLEÓN:	José Luis López
EL FAMOSÍSIMO ROBERT LORRY:	Domingo López
DIEGO CORRIENTES:	Bernardo S. Toscano

Una gran terraza, de blanco pavimento, a elevadísima altura sobre este mundo nuestro minúsculo y sin importancia. Al final, bella balaustrada dividida en dos cuerpos simétricos para dar lugar en su centro a una escalera de acceso al recinto. Todo blanco, menos el fondo, que, detrás de la balaustrada, es un cielo azul, rico y ufano. Luces claras de aurora ingrávida y contenta. Y en todo, misterioso, inexplicable, un subrepticio vaho sobrenatural...

(Cuando se levanta el telón, un raro personaje, juvenil y lisonjero, monta guardia junto a la escalera. Es el HERALDO. *Su atavío, como el ambiente, es pura imaginación y fantasía. Sus piernas, mozas y ágiles, revestidas con mallas blancas. Sobre su cabeza, un gorro gracioso rematado con rojo pompón acaracolado. Y en la mano, una gran trompeta metálica, larga y reluciente. Otro individuo, rechoncho, repolludo, pasea con fachenda solemne y estrafalaria: el* CHAMBELÁN. *Lleva, sin ninguna altivez, uniforme de oficial de la Guardia de la Corte Imperial de Nicolás II. Botas charoladas, Espuelas de plata. Guerrera con botonadura relumbrante. Una fila enorme de condecoraciones. Bigotudo como un cosaco de «film»...)*

HERALDO. *(Una pausa. Voz joven y emocionda.)* Vea el señor Chambelán... Ya amanece.

CHAMBELÁN. *(Frotándose las manos.)* Sí, hace fresquito.

HERALDO. *(Misteriosamente.)* Con su permiso, señor Chambelán. *(Blande la trompeta.)* Es la hora.

CHAMBELÁN. Sí, sí. Toca, hijo; toca la trompeta.

(El HERALDO, *cara al cielo, enarbola la trompeta y prorrumpe en un clarín largo y suave. Acaba.)*

¡Ajajá! Lo haces maravillosamente, muchacho. Cada día mejor... *(Una pausa.)* ¿Qué? ¿Sube alguien?

HERALDO. *(Inclinado sobre la balaustrada, mira ansioso hacia abajo. Se incorpora muy triste.)* Nadie...

CHAMBELÁN. ¡Qué fracaso!... Es horrible. Necesitamos gente nueva; pero es inútil. Esto se amustia, se entristece... Al parecer, en el mundo ya no está bien visto preocuparse por venir aquí, a la Gloria.

HERALDO. ¡Oh!

CHAMBELÁN. ¡Digo! Las buenas gentes van al cielo. Los malvados, al infierno. Pero aquí, a la Gloria, donde están la inmortalidad y la fama, no sube nadie... Espantoso. No me lo explico.

HERALDO. Sencillísimo, señor Chambelán. En el Limbo nos hacen una competencia escandalosa.

CHAMBELÁN. Verdad. Estamos perdidos. Nos ganan. *(Otra vez se frota las manos.)* ¡Hum!

HERALDO. *(Triste.)* Señor, en la Gloria estamos en crisis, porque en el mundo los hombres están en decadencia... No tienen ambición. No sueñan.

CHAMBELÁN. Berr... Un asco.

HERALDO. Así es dificilísimo venir a la Gloria. Antes... ¡Oh, eran otros tiempos! Hace unos años, en un amanecer como éste, al toque de mi trompeta, subieron por esta escalera tres poetas españoles, una danzarina rusa, un violinista húngaro, dos pintores italianos... Un humorista inglés, que se pegó un tiro. Un príncipe japonés, que se hizo el «harakiri» por amor. Y dos negros yanquis.

CHAMBELÁN. ¡Hola! ¿Dos negros?

HERALDO. Sí. Uno, campeón del mundo de boxeo. El otro, senador... Fue un día inolvidable.

CHAMBELÁN. *(Un poco conmovido.)* Oye, pequeño, ¿recuerdas aquella mañana cuando yo llegué aquí, a la Gloria?... ¡Tantos años ya!...

HERALDO. ¡Sí! Lo recuerdo perfectamente. Ahí estaba el zar Nicolás II. Muy emocionado. Muy contento.

Abrazó al Señor y le dijo: «Querido Alexis... Mi gran duque Alexis. Sólo faltabas tú. Todos hemos alcanzado la Gloria. Nosotros en el patíbulo...[1] Tú, como domador de fieras. ¡Ya estamos todos!» Yo me emocioné muchísimo.

CHAMBELÁN.   ¡Oh! Y yo. ¡Qué día! ¡El zar me quiere tanto!...

HERALDO.   Sí. Por eso las malas lenguas dicen que al señor le nombraron Chambelán de la Gloria por influencias...

CHAMBELÁN.   ¡Niño!

HERALDO.   *(Transición.)*   ¡Perdón, señor Chambelán! *(Tímidamente.)* Quisiera repetir la llamada, señor Chambelán...

CHAMBELÁN.   Duro, hijo. Por probar...

(Otro alarido de trompeta, más largo y vibrante. Al terminar, una pausa.)

Te envidio, chico. Años y años tocando ese chisme. Siglos enteros. Y cada amanecer con más brío. Eres incansable.

HERALDO.   ¡Mi trompeta es inmortal! *(Orgulloso.)* Es la que hace sonreír a los hombres cuando sueñan locuras maravillosas que los traerán a la Gloria. Es la que inspira sus fantasías más hermosas. *(Con ternura.)* Cuando los soñadores la oyen ya no pueden olvidarla jamás. Por eso toco al amanecer, que es la hora de los sueños. De noche, los hombres sólo tienen visitas desagradables. *(Despectivo.)* El diablo, los fantasmas y los aparecidos... Gente pasada de moda.

CHAMBELÁN.   Ya, ya. Pero mira. Los hombres se han hecho reaccionarios. No te oyen... Ni uno.

---

[1] Si por *patíbulo* se refiere a *horca,* no fue así. Nicolás II y su familia murieron a tiros en la casa de Ekaterinburg, donde estaban confinados, en julio de 1918.

HERALDO. *(Dolorido.)* Estoy en ridículo.

CHAMBELÁN. Sí. En la Gloria todos estamos en ridículo. Hasta la trompeta. Berr...

HERALDO. *(Bruscamente, lleno de ira, se encarama sobre la balaustrada, y grita y gesticula hacia abajo.)* ¡Oídme!

CHAMBELÁN. *(Asustado.)* ¡Muchacho!

HERALDO. ¡Oídme! Por la montaña se va la luna con siete estrellas de plata. ¡Amanece! ¡Despertad, poetas!

CHAMBELÁN. *(Sesudo.)* Imposible. Se acuestan tardísimo.

HERALDO. ¡Oíd! Es preciso despertar para que soñéis vuestro poema inmortal, que os traerá a la gloria. ¡Levantáos los amadores que soñáis con la gloria de Don Juan! ¡Vivos, vosotros, soldados que queréis ser inmortales, como Guillermo Tell, Alejandro Magno o Napoleón![2] Y vosotros, adoradores de lo generoso y heroico, ¡despertad!, porque el gran sueño de perfección y de heroísmo viene en la amanecida, mientras repican las campanas de las aldeas y gritan los ruiseñores en los pinos... ¡Oídme todos..! ¡A luchar por la Gloria! ¡A la Gloria! ¡A la Gloria!

CHAMBELÁN. *(Filósofo.)* No insistas.

HERALDO. *(Bajando, desconsolado.)* Es inútil.

CHAMBELÁN. Tú no sabes... La gente ahora es muy ordenada. Duermen como leños. A las ocho se levantan y hacen gimnasia. El deporte acabará con los sueños. Nos arruinan... Una gracia.

HERALDO. ¡Dios! Pero es tremendo. ¡Ah, no, no!

CHAMBELÁN. ¡Cuidado!

(Y es que el HERALDO, indignadísimo, ha trepado otra vez a la balaustrada y toca desaforadamente la

---

[2] En la obra se mencionan o aparecen personajes archiconocidos o de fácil localización: Guillermo Tell, Alejandro Magno, Napoleón, Sarah Bernhardt, Mistinguette, Eleonora Duse, D'Annunzio, Juana de Arco, Alfonso el Sabio, Séneca, María Estuardo. Y lo mismo ocurría en la obra de Ros (Napoleón y Chopin). El lector me dispensará de anotarlos.

trompeta, sin nota ni orden. Furioso. Un estrépito morrocotudo.)

¡Muchacho, calla, calla! ¡Qué escándalo! ¡Se ha vuelto loco!

(Y surge, con su gracia de figurín «fin de siècle», una evocación sigilosa. SARAH BERNHARDT, *vestida de blanco y rosa, a la moda parisiense de su tiempo, como para un paseo de mañana entre el verde y las cascadas del «Bois de Boulogne», con sombrero y sombrilla, su piel de arrugas impecables y sus ademanes de susto.)*

SARAH.   ¿Qué es esto? Por favor, criatura... ¡Basta!
HERALDO.   *(Enrojecido.)*   ¡Perdón!
CHAMBELÁN.   El pobre... Está desesperado, madame Bernhardt.
SARAH.   *(Molesta.)*   Amigo mío, le ruego que no me llame madame Bernhardt. Es vulgarísimo.
CHAMBELÁN.   ¡Madame!
SARAH.   No, no, no... Los artistas no tenemos tratamiento. Mi nombre nada más. *(Con gozo y con orgullo.)* ¡Sarah Bernhardt!
CHAMBELÁN.   ¡Ah!
SARAH.   Así. Como me decían los críticos, los estudiantes, los bohemios del barrio latino y un joven del anfiteatro, pesadísimo, que todas las noches me enviaba sus camelias con una carta. ¡El pobre! Se empeñaba en contarme que me amaba y que era ingeniero. Estaba preocupadísimo por las dos cosas.
CHAMBELÁN.   *(Galán.)*   Yo hubiera querido ser un muchacho de anfiteatro.
SARAH.   *(Ríe.)*   ¡Oh, la, la! Amigo mío, no me haga la corte. Prefiero que murmuremos de la gente. Le aseguro que la gran trágica Sarah Bernhardt, en el fondo, es un poco frívola. Ahora, en la Gloria, no me importa confesarlo. Me hubiera gustado ser la Mistinguette...

61

(Canta e inicia unos pasos de «couplet». Transición.) ¡Traigo la noticia del día, Chambelán!

CHAMBELÁN. Diga, diga. Me encanta.

SARAH. ¿No sabe usted? Eleonora Duse y D'Annunzio han hecho las paces... Están empalagosísimos.

CHAMBELÁN. ¡Oh!

SARAH. Calle usted. La gente no tiene formalidad ni en la Gloria. Está visto. *(Canturrea.)* Je suis la petite madame Pompadour... *(Acercándose, voluble y majestuosa, al* HERALDO.*)* ¿Por qué te torturas, pequeño mío?

HERALDO. ¡Señora!

SARAH. Ven aquí... ¿Estás llorando? Deja. *(Sonríe.)* Ten calma. Tranquilízate. En el mundo, los hombres oyen todos los días el toque de tu trompeta. Saben que eres la ilusión y que los llamas a la Gloria, a este paraíso nuestro, donde vivimos los que en el mundo fuimos famosos. Lo que sucede, hijo mío, es que para conseguir la entrada en la Gloria hay que soñarla primero. Y en este siglo XX los hombres sueñan poco. Están ocupadísimos y no tienen tiempo para estas cosas. Pero consuélate. Un día, de todos los rincones de la tierra vendrán otra vez a la Gloria los poetas, los músicos, los artistas.

HERALDO. ¡Señora!

SARAH. El pobre... *(Volviéndose al* CHAMBELÁN.*)* Se apura porque no viene gente. Parece que es el empresario.

HERALDO. ¡Señora!

(Un fuerte resplandor rojizo. Salta el CHAMBELÁN *y tiembla* SARAH.*)*

¡Mirad!

SARAH. ¡Dios mío! ¡Fuego! ¡Fuego en la Gloria!

CHAMBELÁN. *(Indignadísimo.)* Ca, no señora... Es el faquir.

SARAH. ¿Quién?

CHAMBELÁN. Un chiflado. Un sacerdote indio que un día, en la antigüedad, bailó una danza sagrada delante de los dioses, sobre una hoguera, sin quemarse los pies. Después explotó el truco, se hizo faquir y fue célebre en todo el mundo... Por eso llegó a la Gloria. Ahora está loco. Todos los días enciende fuego y baila un ratito. No tiene remedio... Una lata. Tendré que encerrarlo. *(Sale.)*

SARAH. *(Ríe.)* ¡Pobrecillo!

(Por el lado opuesto, una singular figura lanza un grito de angustia. Es JUANA DE ARCO. *Gran espada en la cintura. Pecho cubierto con coraza y una cruz grabada. Sobre sus hombros se despliega una melena clara, casi rubia. Ha gritado porque toda ella está llena de un inmenso terror... Los brazos, extendidos; los ojos, muy abiertos...)*

JUANA. ¡No! ¡Al fuego, no!

SARAH. *(Sobrecogida.)* ¿Qué dice?

JUANA. ¡Ese fuego! ¡Esas llamas!... ¡Tened piedad de mí!

HERALDO. ¡Chiss! ¿No sabe?... Es Juana de Arco. Una muchacha de Orleáns. Murió por su Dios. La quemaron en una hoguera. Ahora tiembla cuando ve una llama... Cree que van a sacrificarla otra vez.

JUANA. ¡Piedad!... ¡No lo permitáis! Defendedme. Quieren llevarme a la hoguera otra vez. Mirad: ya encienden el fuego. ¡No, no, no!... ¡Dios mío! Apágalo tú. Otra vez el fuego, no.

SARAH. *(Acogiéndola con ternura.)* Niña... Querida mía, cálmate. No temas.

JUANA. ¡Señor! Miradlos; son tremendos, feroces... Están locos de odio. Todos los días quieren volver y llevarme al fuego, como entonces. Tienen unas caras horribles. Oigo otra vez cómo chascan los leños, las retamas y las ramas de pino. Apaga ese fuego. Apártalos. Esos ojos... ¿Por qué me miran así? ¿Por qué me odian? ¡Oh, ese madero es enorme, y me consumirá toda entera! Oídme... ¿Por qué echáis al fuego manojos de romero y hierbabuena, si sólo sirven para hacer ramos? *(En un tremendo estremecimiento.)* Un poco de lluvia, Dios mío. Haz que llueva. El agua apagaría en seguida las llamas y yo podría salvarme...

SARAH. *(La coge y la acaricia.)* Criatura... Cierra los ojos.

JUANA. ¡Me ahogo!

SARAH. ¡No!... ¡Pobre pequeña! ¡Tan bonita!... Todos los días llueve...

(Desaparece el resplandor rojizo de las llamas. Otra vez luz clara, ya de día. Vuelve el CHAMBELÁN.)

JUANA. *(Escondida en sus brazos.)* ¡Gracias!

CHAMBELÁN. *(Contempla el grupo.)* Me lo figuré. ¡Condenado faquir! Si pudiera descubrirle el truco...

JUANA. *(En una transición de gozo va desprendiéndose de los brazos de SARAH. Respira en triunfo. Se acaricia con deleite su melena. Sonríe. Vuelve a ella un temblor cándido y alegre. Una niña.)* ¡Ay! *(Contenta y sorprendida.)* ¿Quién es usted, señora? Nunca la vi hasta hoy.

SARAH. ¡Oh! No es extraño... ¡Esto es tan grande!... Además, yo, en la Gloria, hago una vida muy retirada... No salgo de noche... Vine cansadísima.

JUANA. ¡Qué hermosa es usted! Casi tanto como la Gloria. Y su voz es una maravilla. ¿Vendrá conmigo a la orilla del estanque?

SARAH. *(Risueña y como encantada.)* ¡Sí!...

JUANA. *(Cogiéndola de la mano.)* Vamos. Me gusta estar allí horas y horas. ¡El agua es tan azul y tan bella!... Sólo el fuego es horrible. Pero el agua sirve para apagar el fuego.

SARAH. ¡Chiquilla! *(Y salen.)*

CHAMBELÁN. *(Viéndola ir, paternal y conmovido.)* ¡Admirable muchacha! Es de las pocas personas que, al mismo tiempo, está en el cielo, porque fue santa; y en la Gloria, porque fue una heroína...

(Irrumpe una pareja singular: ELLA *y* DON JUAN. ELLA, *airosa, llena de gracia, con su aire mixto de gran dama y bulevar. Un traje encantador, a lo 1900. Su talle, esbelto; su estupendo sombrero, su escote blanco y alegre.* DON JUAN *se atavía como quien es: el gran burlador. Pero con escasísima bizarría... Las plumas de su gorrilla están lamentablemente alicaídas.* ELLA, *delante, como en fuga, porque* DON JUAN *la asedia...)*

DON JUAN.   ¡Señora!

ELLA.   Don Juan... Apártese. Por favor.

DON JUAN.   ¡Oídme! *(Gimotea.)* ¡Os lo pido de rodillas!

CHAMBELÁN.   ¡El pobre Don Juan!

HERALDO.   Como todos los días.

CHAMBELÁN.   ¡Qué desgracia tiene este muchacho con las mujeres! Es una tragedia.

DON JUAN.   *(De verdad humillado, con una rodilla en tierra.)* Tened piedad, señora. Pensad que soy yo, ¡yo!, Don Juan, quien os suplica. Jamás me incliné ante ninguna mujer. Vos sois la única que rinde todo mi orgullo.

ELLA.   ¡Y dale!

DON JUAN.   Os amo. Queredme, por piedad. Pensad que os lo pide el hombre al que han amado todas las mujeres de la Humanidad. ¿Por qué huís de mí? *(Terrible.)* Ya lo sé. Por ese majadero. Un hombre tan sucio.

ELLA.   ¡Silencio!

DON JUAN.   ¡Un hombre inferior! ¡Un esclavo! ¡Eso es!

ELLA.   Le prohibo a usted que lo insulte. ¡Llamar esclavo a un bailarín negro que vino a la Gloria porque se hizo célebre bailando en todos los cabarets del mundo!

DON JUAN.   *(Dramático.)* ¡Oh, si en la Gloria pudiéramos matarnos unos a otros!

ELLA.   Debería darle a usted vergüenza hablar de ese

modo. Usted, que está en la Gloria por lástima. Porque, en realidad, nadie sabe si el burlador de Sevilla ha existido o no.

TODOS. ¡Oh!

DON JUAN. ¡Cómo me humilláis! Pero, decidme: ¿por qué no podéis amarme? ¿Es que me encontráis extraño?

ELLA. ¡Por Dios! Antiquísimo. Con esa facha...

DON JUAN. ¡Oh!

ELLA. Y esa barba, feísima.

DON JUAN. ¡Señora! ¡Que soy Don Juan!

ELLA. Un cursi. (Y sale, frívola y burlona.)

DON JUAN. (Desgarrado.) ¡Ay de mí!

CHAMBELÁN. ¡Pobrecillo!

HERALDO. ¡Me da lástima! (Vuelve la BERNHARDT.)

SARAH. ¡Pero, Dios mío! Don Juan, de rodillas...

CHAMBELÁN. El pobre... Tiene un sino... Es un fracaso.

(Rodean a DON JUAN, que está acongojadísimo. El CHAMBELÁN le incorpora y le da golpecitos en el hombro.)

DON JUAN. ¡Dios! Y pensar que en este momento, en el mundo, hay millares de mujeres hermosas que sueñan conmigo...

SARAH. ¡Oh, la, la! No sea usted presumido. Las muchachas románticas sueñan con usted porque no le han visto nunca. La verdad es que así, de cerca, pierde usted mucho.

DON JUAN. (Otro sollozo.) ¡Oh!

CHAMBELÁN. Ea, ea, Don Juan. Vaya. Un poco de valor. (Filosófico.) Las mujeres... Serénese. Recuerde que estamos en la Gloria.

DON JUAN. Ella tiene la culpa de que para mí esto no sea la Gloria, sino el infierno.

SARAH. (Curiosa.) Pero ¿quién es esa mujer?

Don Juan.   Señora, ¿es posible que no lo sepáis? ¡Es la Fornarina![3]

Todos.   ¡Oh!

Sarah.   *(Sublime.)*   ¡Una cupletista! ¡Qué vergüenza!

(De pronto, el Heraldo *chilla y adopta militar posición de firme.)*

Heraldo.   ¡Silencio!

Sarah.   ¿Qué ocurre?

Heraldo.   *(Solemne.)*   ¡El Emperador!

Sarah.   ¿Cuál de ellos?

Chambelán.   *(Reverente.)*   ¡Chis! El Emperador es siempre él. ¡Napoleón!

Sarah.   ¡Bah! Me fastidian los emperadores y los reyes. Son unos presumidos. Parece que nadie tiene tanto derecho como ellos a estar en la Gloria.

(Entra pausado y taciturno; la cabeza baja, una mano a la espalda, otra con los dedos entre la botonadura de la casaca, Napoleón. *La mirada en el suelo. Una gran abstracción en el incógnito soliloquio. Cruza delante de los demás personajes sin mirarlos siquiera, y se dirige a la balaustrada.)*

Heraldo.   ¡Señor!

Chambelán.   ¡Majestad!

Napoleón.   ¿Sin novedad, Chambelán?

Chambelán.   Ninguna, señor. Otro día en blanco.

Napoleón.   *(Desconsolado.)*   ¿Nadie?

Chambelán   ¡Nadie! Es una pena.

Napoleón.   *(Allá, en el fondo, como hablando a la Tierra desde la gran balconada.)*   ¡Mundo del siglo xx! ¿Qué gente es la tuya que entre tantos millones de seres no

---

[3] No es la amante y modelo de Rafael (Palacio Pitti, Florencia), sino la española Consuelo Vello Cano (1885-1915).

logras enviarnos a la Gloria un solo hombre todos los días? ¿Qué humanidad habéis formado, tan ruin y tan poco ambiciosa? ¡Cuando pienso que yo soñé con la conquista del universo! Vosotros vivís de nuestro recuerdo más que por vuestras propias obras. Olvidasteis que vivir es crear una ambición cada día, y os habéis hecho conservadores. Vuestra vida es peor que la muerte, porque dormís sin sueños... El más humilde de mis soldados llevaba en su mochila el bastón de mariscal. Vosotros, en cambio, en vuestras cabezas habéis tapado con barro el rincón de la fantasía. Todavía no comprendisteis que la vida sólo es bella cuando es el camino para la inmortalidad. ¡Oh, ni siquiera os sirve vuestra civilización para apretar los ojos y soñar con más fuerza!

Don Juan. ¡Quia, no señor! Al contrario. La civilización convierte a los hombres en personas de buena educación. Y estamos perdidos. Adiós las bravas aventuras. Las hermosas leyendas. *(Suspira.)* Creo que hoy día, en mi país, los seductores más terribles terminan sus lances casándose en los Jerónimos o en San Ginés...[4] *(Ruborizado.)* ¡Qué poca vergüenza!

Sarah. Es desesperante. La Gloria sin gente nueva resulta aburridísima...

Chambelán. *(Muy triste, como todos.)* Berr... Un día tendremos que cerrar. Veréis.

> *(Un silencio acongojado. Y de pronto, brinca en el aire un grito del* Heraldo.*)*

Heraldo. ¡Aleluya! ¡Aleluya!
Todos. *(Suspensos.)* ¿Qué?

---

[4] Antiguas iglesias madrileñas muy conocidas por bodas y bautizos de alto copete. San Jerónimo El Real, detrás del Museo del Prado, es parroquia desde 1883 y ocupa el templo gótico que fue de los Jerónimos, instalados en el mismo lugar por los Reyes Católicos en 1503. La parroquia de San Ginés (de Arles) existía en 1354, y ha sido renovada en los siglos XVII, XVIII, XIX y XX. Fue, quizá, una de las iglesias mozárabes del arrabal, fuera de la muralla moruna.

HERALDO. *(Un grito frenético, gozoso, loco. Agita la trompeta.)* ¡Aleluya!

CHAMBELÁN. ¡Chico!

NAPOLEÓN. ¡Diablo!

HERALDO. ¡Aleluya!

SARAH. Habla. ¿Qué es esto?

(Acuden todos, presurosos, al lado del HERALDO. Miran por el balcón.)

HERALDO. ¡Mirad! Sube un hombre. ¡Vedlo!

DON JUAN. ¡Cierto!

SARAH. *(Muy alegre y palmoteando.)* ¡Mirad! ¡Mirad! Viene un muchacho. Un chico.

CHAMBELÁN. ¡Qué joven es!

HERALDO. Ya era hora. En la Gloria todos tienen reuma.

DON JUAN. ¡Ya llega!

SARAH. ¡Aprisa! ¡Aprisa!

HERALDO. ¡Aleluya! Aquí está...

(Apártanse de la entrada para abrir camino al que llega. Es ROBERT LORRY. Un mozo de cara morena. Anchos hombros; traje «sport»; terriblemente alegre y desenfadado. Una alegre distinción, entre desenvoltura y descuido. Plántase en medio de todos y agita la mano con ademán deportivo.)

ROBERT. «Good bye!»[5] ¡Hola, muchachos!

CHAMBELÁN. *(En funciones.)* ¡Adelante!

ROBERT. «My dear... Yes.» *(Divertidísimo)*. Son unos tipos extraordinarios. *(Dándole golpecitos en la barbilla al CHAMBELÁN.)* ¡Vaya, barbián!

CHAMBELÁN. Más respeto. ¡Está usted en la Gloria!

---

[5] *Good-bye!* Suponemos que se despide de alguien mirando al pie de la balaustrada, en el foro. De lo contrario, debía de haber dicho *Hullo!*

ROBERT. Resulta que la Gloria es mucho más divertida de lo que yo creía. Es estupendo.

CHAMBELÁN. ¡Silencio! ¿Quién es usted?

DON JUAN. Eso. ¿Quién es?

SARAH. Yo soy muy curiosa. Dilo. ¿Quién eres tú?

ROBERT. *(Atónito.)* Pero ¿es posible que no lo sepan? ¡Es el colmo! ¿En qué país estamos? ¡Fíjense bien! ¿Cómo puede ser que no me conozcan?

DON JUAN. No, no... Palabra. ¡Esto está tan retirado!...

SARAH. *(Bajo.)* Creo que estamos en ridículo.

CHAMBELÁN. Sí. Tendremos que modernizar la Gloria. Leer los periódicos. Oír la radio.

ROBERT. *(Ofendido.)* Es increíble... Soy Robert Lorry. *(Orgullosísimo.)* ¡El maravilloso actor Robert Lorry! De Hollywood...

TODOS. ¡Oh!

ROBERT. ¡Soy célebre en el mundo entero! Mis películas recorren toda la tierra. Mis fotografías se publican en todos los periódicos del universo. Me piden autógrafos y retratos. Estos días he hecho declaraciones a la Prensa afirmando que me fastidia la colonización en África del Sur, porque se le quita carácter al continente; y los indígenas de Madagascar están estudiando la forma de concederme una subvención para que rectifique. Soy millonario. He tenido una cuestión personal con el Presidente de la República. *(Todo indignado.)* ¡Vamos, hombre! Y todavía dicen que no me conocen.

(Los demás bajan la cabeza, avergonzados.)

CHAMBELÁN. ¡Perdón!

ROBERT. Pero mi gran triunfo fue anoche... *(Entusiasmado.)* Por eso he llegado hoy a la Gloria definitivamente. Para siempre.

CHAMBELÁN. ¡Hola! Cuéntanos...

TODOS. *(Rodeándole.)* Diga, diga...

ROBERT.   Fue inolvidable. Anoche...

(*Pero es interrumpido por la entrada atolondrada de un nuevo personaje. Es* DIEGO CORRIENTES[6], *tocado de monterilla, armado de trabuco, patilludo y apuesto, en su más bizarra evocación.*)

¡Oh! ¿Quién es este tipo?

CHAMBELÁN.   (*Muy molesto.*)   ¡Diego Corrientes! Un pelmazo.

DIEGO.   Por favor, amigos míos. Ayudadme...

HERALDO.   ¡Señor don Diego!

NAPOLEÓN.   ¡Al diablo!

DIEGO.   Es tremendo, espantoso... He encontrado una cartera perdida. Tiene dentro muchísimo dinero. ¡Figuraos! No sé qué hacer con ella. Por favor. ¿Estáis seguros de que ninguno habéis extraviado la cartera?

CHAMBELÁN.   ¡Oh!

DON JUAN.   ¡Somos pobres, don Diego!

DIEGO.   Entonces, ¿quién será el desdichado? Es horrible. Diablo, no conozco a este caballero. ¡Ah, bueno!... Usted es nuevo en la Gloria. Me presentaré. Soy Diego Corrientes.

ROBERT.   ¡El bandido!

DIEGO.   El mismo, sí, señor. Para servirle.

ROBERT.   (*Contentísimo.*)   ¡Un bandido español! Y completo; con trabuco y todo. «O-key!»

DIEGO.   (*Encantado.*)   Sí, sí. Eso. ¿Usted también es bandido?

ROBERT.   ¡No!

---

[6] *Diego Corrientes:* (Utrera, 1757-Sevilla, 1781). Bandolero. Jornalero agrícola, organizó una banda con la que saqueó haciendas y cortijos en Andalucía. Se especializó en el robo de caballos, que vendía en Portugal. El pueblo le protegía, por temor y porque había sabido rodear su figura de prestigio humano y generoso. Condenado a muerte en rebeldía por los tribunales de Sevilla, fue capturado en Olivenza, cuando pretendía fugarse a Portugal. Su cabeza fue expuesta en una venta, en el camino de Utrera.

DIEGO. ¡Qué lástima! Es que como a los de ahora no se los distingue... Y, sin embargo, tiene buena pinta. Serviría. Pero perdóneme. Me voy. He de encontrar al infeliz que ha perdido esta cartera. No puedo tener en mi poder un dinero que no es mío. Me quema las manos.

ROBERT. ¿De veras?

DIEGO. Sí, sí. Yo, en cuestiones de moral, soy intransigente.

ROBERT. ¡Pero esto es interesantísimo!

CHAMBELÁN. Es todo un hombre.

DON JUAN. ¡Un caballero!

SARAH. Es un hombre de honor.

ROBERT. *(Admiradísimo.)* ¡Caramba! Entonces, ese trabuco...

DIEGO. Qué quiere usted... Hay que vestir el tipo. La tradición. La fama... Por algo se está en la Gloria. Uno ha de ser fiel a su propia historia; en fin, se ve que usted es nuevo. ¡Vaya! Discúlpeme... Recorreré toda la Gloria buscando al dueño de esta cartera. ¡Qué lástima!, voy a perder la mañana y no podré asistir a clase.

ROBERT. ¿A clase?

DIEGO. Sí, sí... Alfonso el Sabio me da todos los días lecciones de Derecho. Hoy me toca el Procesal. Adiós, caballero. Diego Corrientes, a sus órdenes. Dios mío, ¿quién será el desdichado que ha perdido la cartera? Si la llega a encontrar otro que no fuera yo... Con la gentecita que hay en la Gloria... *(Y sale.)*

ROBERT. ¡Es formidable! ¡Extraordinario! Si lo supieran en Hollywood...

SARAH. «Mon cheri!» *(Coge del brazo a ROBERT.)* Cuéntanos todo... ¿Por qué has llegado a la Gloria? Di. Anoche..., ¿qué sucedió?

CHAMBELÁN. Hable, joven. Es un trámite imprescindible.

HERALDO. Tengo una curiosidad...

SARAH. Dilo.

ROBERT. Anoche... Fue magnífico. «Yes».

(*Encantado.*) Nunca pude imaginarlo. Todas las calles de Hollywood con sus luces encendidas... Todos los automóviles parados, sonando las sirenas... Y la muchedumbre con su clamor: ¡Robert Lorry! ¡Robert Lorry! Era maravilloso. Anoche se estrenó mi mejor película, *La vida de Napoleón*. Y Napoleón soy yo.

NAPOLEÓN.   (*Volviéndose airadísimo.*) ¡Quia!

ROBERT.   ¡¡Eh!!

CHAMBELÁN.   (*Severo.*) ¡Pollo! Napoleón es este señor.

ROBERT.   No, no... Le juro que Napoleón soy yo. Estoy segurísimo.

NAPOLEÓN.   ¡Oh!

ROBERT.   Este señor se parece algo, sí... Es curioso. (*Transición. Ríe.*) ¡Ah, vamos! Usted es el auténtico. Bueno, eso no tiene importancia.

NAPOLEÓN.   ¡Miserable!

ROBERT.   (*Riendo.*) Muy gracioso... ¿Quién lo iba a decir? Pero si lo viera el director..., ¡cuántos defectos le iba a poner!

NAPOLEÓN.   ¡Cielos! ¿A mí, defectos? ¿Oís?

ROBERT.   Le advierto, querido, que en la película le he representado con todo cuidado.

NAPOLEÓN.   (*Brinca.*) ¡¡Eh!! ¿Qué este mamarracho me ha representado a mí?...

ROBERT.   ¡Oiga!

NAPOLEÓN.   ¡Y en una película! ¡Imposible!... Es muchísimo más alto que yo.

ROBERT.   Naturalmente, querido. Por eso me eligieron a mí. Usted es demasiado pequeño... No vale.

NAPOLEÓN.   (*Excitadísimo.*) ¡Es espantoso! Resulta que yo no valgo. ¡Diga, pronto! ¡Quiero saberlo todo! ¡Hable!

ROBERT.   Está usted muy nervioso... ¡Tranquilícese! La película resultó soberbia. En Santa Elena... ¡Oh, era un escenario precioso! ¡Un cielo clarísimo! Y muchos almendros. Aquí, allá, en todas partes. Terminé mareado, lo juro. En una escena muy delicada yo arrancaba una flor del almendro, la olía, y después me la llevaba a los labios.

NAPOLEÓN. ¡Qué cursi! Yo no hice eso en mi vida.

ROBERT. ¿No?... ¡Qué lástima! Hubiera estado usted encantador. Y al final, mi mejor escena: su muerte... ¡Si usted supiera cómo ha muerto! ¡Oh, estuve genial! Fue una muerte lenta, lenta... ¡Ay! Y mientras tanto, al fondo, una orquesta de violines interpretaba una marcha triunfal.

NAPOLEÓN. ¡¡Oh!! ¿Habéis oído? ¡Yo he muerto con música! ¡Yo! ¡¡Yo!! ¡¡Napoleón!! *(Ríen los otros.)* ¡Canalla!

ROBERT. *(Asustadísimo.)* Pero, querido...

NAPOLEÓN. ¡Callad! ¡Llevadlo de aquí!... ¡Voy a exterminarlo!

ROBERT. ¡Demonio!

CHAMBELÁN. ¡Dios nos valga!

NAPOLEÓN. ¡Que venga la guardia! ¡A mí, mariscales! ¡Fuera! ¡¡Vivo!!

(DON JUAN y el HERALDO *le sujetan.*)

DON JUAN. ¡Calma, señor!

HERALDO. ¡Majestad!

SARAH. Amigo mío. Napoleón no es un hombre de mundo...

CHAMBELÁN. Hay que disculparle. Vino a la Gloria amargadísimo. En el mundo le fastidiaron tanto...

(NAPOLEÓN *ruge entre* DON JUAN y el HERALDO.)

ROBERT. Resulta que la Gloria es mucho menos confortable de lo que yo creía. ¡Es un timo!

SARAH. ¡No! Ven conmigo. La Gloria es un sueño.

ROBERT. ¿Contigo?... ¿Quién eres tú?

SARAH. *(Sonríe con alegre y sabia coquetería.)* ¡Mírame! ¡Sarita!

ROBERT. ¡Sarita! ¡Una gran señora!

SARAH.   Yo te enseñaré lo más bello de la Gloria. El monte con sus encinas. El bosque de los pinos... *(Se lo lleva.)*

NAPOLEÓN.   ¡¡Soltadme!!

TODOS.   ¡Majestad!

NAPOLEÓN.   ¡Por todos los demonios!... ¡Juro que he de matarlo!

CHAMBELÁN.   ¡Se lo ruego, majestad! ¡Cálmese! ¡Vuestra majestad hace muchos años que abandonó el mundo y no sabe cómo son los jóvenes de hoy. Algunos están muchísimo peor educados que éste... ¡Palabra!

NAPOLEÓN.   ¡¡Basta, Chambelán!!

TODOS.   ¡Pero, señor!...

NAPOLEÓN.   ¡Silencio!   ¡Callad todos!   ¡Oídme! *(Solemne.)* Ese hombre y yo no cabemos juntos en la Gloria. Uno de los dos ha de marcharse. ¡Y pronto! ¡Ahora mismo!

TODOS.   ¡Oh!

NAPOLEÓN.   Mi nombre, mi historia, mi aventura, mi gloria, quizá la mayor en la Historia del mundo, son incompatibles con ese cómico desvergonzado que ha suplantado mi vida y me ha puesto en ridículo... Que se ha aprovechado de mi propia aureola para conseguir una gloria miserable. ¡Y que dice que yo no valgo para ser Napoleón!...

DON JUAN.   Exagera.

NAPOLEÓN.   *(En un salto.)* ¡¡Lo mato!!

HERALDO.   ¡Señor!

NAPOLEÓN.   ¡No, no, no! Estoy decidido, ¡él o yo! Os reuniré a todos, genios y gentes ilustres que habitáis conmigo en este mundo... ¡A todos! Y vosotros decidiréis. Podéis elegir entre un jovenzuelo osado, que se burla de vosotros, y yo... Yo soy, ¡no lo olvidéis!, Napoleón Bonaparte.

CHAMBELÁN.   ¡Señor! Me hacéis sufrir.

DON JUAN.   ¡Me partís el alma!

SARAH.   El muchacho ha tenido un gran éxito. Me lo han quitado de las manos...

NAPOLEÓN.   ¡Silencio! ¡Será ahora mismo! ¡Es necesario! ¡No espero más! ¡Muchacho, toca la trompeta! ¡Que vengan todos! ¡Listo!

CHAMBELÁN.   *(Gravemente.)* Por favor, majestad...

NAPOLEÓN.   ¿Qué es eso, señor Chambelán?...

CHAMBELÁN.   Un poco de reflexión... Estáis equivocado señor.

NAPOLEÓN.   ¿Qué decís?

CHAMBELÁN.   Oídme. Todo es inútil. Pretendéis que nosotros mismos decidamos si ese joven ha de continuar en la Gloria... *(Sonríe.)* ¡Es imposible! En la Gloria no mandamos nosotros, señor.

NAPOLEÓN.   ¡Hola!

CHAMBELÁN.   Pensadlo... ¿Qué es la Gloria...? Un mundo habitado por sombras. *(Y alzando los brazos parece que abarca todo el escenario.)* El recuerdo que de nuestra vida tienen los que viven en el mundo. Hemos llegado aquí porque nos han traído. Pero, en realidad, no existimos. Son los hombres, en sus grandes ciudades, en sus museos, en su memoria, los que hacen que existamos sobre sus vidas. Ellos mismos han creado este lugar donde nos hemos reunido todos. ¡Todos! Igual vuestra majestad, por la apoteosis triunfal de su vida; que mi modesta persona, con su fama de domador de leones. Pero nosotros somos impotentes para admitir o no a los que nos envían... Acaso un día, al pasar de los siglos, las multitudes se olviden cruelmente de nosotros. Ese día desapareceremos misteriosamente de aquí... Mientras, seguiremos todos juntos. Claro que es una vergüenza que Séneca tenga que convivir con la Fornarina. Así tenemos tantísimos disgustos en la Gloria. ¡Pero la Humanidad tiene gustos tan diversos! Admira a los grandes filósofos, que no comprende, y se enamora de todas las mujeres a

76

las que no puede dar un beso... Los hombres honorables son los más fervorosos admiradores de los ratas de hotel. ¡Mundo inconsecuente, misterioso y frívolo, señor! Ya veis... Sobre Don Juan creó la fama una bellísima leyenda poética, y ahora le amargan la Gloria unos cuantos médicos, estudiándole como un caso patológico...

DON JUAN. *(Indignadísimo.)* ¡Calle usted, hombre! ¡Me hacen cisco!

CHAMBELÁN. Vos mismo sois otra víctima, señor. Sobre las victorias guerreras de vuestra majestad han escrito todos los políticos pacifistas. Así es la gloria, señor. Un capricho de las multitudes, que a su antojo pueden convertir en héroe a un campeón de fútbol, a un diputado de la oposición o a una sufragista... Los hombres son volubles, y en su inconsciencia puede surgir nuestra gloria. Nosotros, apenas fantasmas, ¿cómo podemos evitarlo? A Robert Lorry le han aplaudido anoche millares de individuos en una gran ciudad. La noticia corre a estas horas por toda la tierra... En las grandes capitales, en las aldeas pequeñitas. Llega hasta los grandes trasatlánticos que navegan por alta mar. Ahora mismo, el nombre de Robert Lorry lo están escribiendo centenares de periodistas. Corre por el hilo de multitud de teléfonos. Lo vocea la radio... ¡Robert Lorry! ¡Robert Lorry! ¡Robert Lorry! Eso es la Gloria, majestad.

NAPOLEÓN. ¡Chambelán!

CHAMBELÁN. Mañana, los jóvenes se peinarán como Robert Lorry. Vestirán como Robert Lorry... Montarán a caballo como Robert Lorry... Y los más bizarros gritarán llenos de orgullo: «¡Soy un Robert Lorry!» Después, todas las muchachas se enamorarán de él...

DON JUAN. *(Un suspiro.)* ¡Qué suerte!

CHAMBELÁN. ¡Todo eso también es la Gloria, majestad!

NAPOLEÓN. *(Después de un silencio. Muy conmovido.)* Entonces... La Gloria no tiene importancia.

CHAMBELÁN. ¡Sí! La Gloria es maravillosa. Ése es el

misterio. En realidad, somos nosotros, los hombres, quienes apenas tenemos importancia.

NAPOLEÓN. ¡Oh! ¡Callaos! *(Otro gran silencio.)* Entonces..., amigos míos, ¡adiós!

TODOS. ¿Eh?

CHAMBELÁN. ¡Oh, majestad!

NAPOLEÓN. ¡Sí, sí! Acabo de decirlo. Me voy de la Gloria.

CHAMBELÁN. ¡Imposible, majestad!

NAPOLEÓN. ¡Silencio! ¡Dejadme! ¡Es irrevocable mi decisión! ¡Me marcho!

CHAMBELÁN. Pero ¿adónde irá vuestra majestad?

NAPOLEÓN. No lo sé. A cualquier sitio donde no me conozcan. Al Limbo. ¡Eso es!

TODOS. ¡Oh!

SARAH. ¡Qué drama!

NAPOLEÓN. *(Amargamente.)* Lejos de aquí, donde moriría para siempre lleno de sonrojo y de rubor... Donde desde que llegó ese jovenzuelo no seré más que un intruso.

DON JUAN. ¿Qué decís?

SARAH. Se ha vuelto loco.

CHAMBELÁN. ¡Señor! ¿Napoleón es un intruso?

NAPOLEÓN. ¡Sí! Escuchad. Hay una gloria miserable y traidora: es ésta que algunos alcanzan imitando nuestras vidas, parodiando la aventura de los que en el mundo combatimos por una inmortalidad... Son gentes entremetidas: los cómicos.

SARAH. ¡Oiga!

NAPOLEÓN. Perdonad, señora, si os ofendo. Son mis últimos momentos en la Gloria. Me voy. Sé que desde hoy mi gloria ha palidecido para siempre... En el mundo, las gentes ya no me recordarán cómo fui. De la imaginación de todos desaparecerá la visión exacta que de mí dieron los buenos amigos que escribieron mi historia. Todos me recordarán a través de ese mozo insolente. Napoleón ya es Robert Lorry. Napoleón tendrá la cara de ese mozalbete, sus ojos, sus andares, su tipo... Porque el mío no vale. *(Muy emocionado. Los demás bajan la cabeza.)* Poco a poco, al mismo tiempo que esa película va por el mundo, yo me iré apartando de mi propia gloria. Los historiadores de mañana escribirán que yo he muerto escuchando una orquesta de violines... Las generaciones futuras creerán que yo amaba las flores de almendro. Mi verdad, mi auténtica existencia ya no merece la pena. Mi gloria ha desaparecido... *(Un silencio.)* Pero yo soy orgulloso. No lo soportaré. ¡Soy Napoleón Bonaparte, emperador de Francia! Yo no puedo vivir en la Gloria, entre vosotros, en ridículo... ¡No, no, no! ¡Mil veces no! Por ahí anda María Estuardo, la reina de Escocia, que desde que llegó a la Gloria una peliculera que interpretó su vida, nadie le hace caso. La pobre está avergonzadísima... A la peliculera todos le dicen al saludarla: «Buenos días, majestad.» A la reina apenas: «¡Hola, María!» ¡No, no, no! ¡Nunca! ¡Jamás! ¡Me voy!

SARAH. ¡No puedo oírlo!

HERALDO. ¡Pobrecillo!

DON JUAN. ¡Todo un hombre!

NAPOLEÓN. Adiós, amigos míos. Despedidme de todos. A vosotros siempre os recordaré emocionado.

CHAMBELÁN. ¡Pero, señor!

NAPOLEÓN. *(Dándole la mano.)* ¡Ni una palabra, Chambelán! ¡Adiós, Don Juan! ¡Señora!

DON JUAN. ¡Señor!

SARAH. ¡Oh!

NAPOLEÓN. *(Embutiéndose en el capote, a punto de descender por la escalera.)* ¡Adiós!

HERALDO. ¡Yo me voy con él!

NAPOLEÓN. Gracias, hijo mío... Pero no es posible. Sin ti, la Gloria y el mundo desaparecerían. Tú eres nada menos que la trompeta de la ilusión. Te necesitan los hombres y los fantasmas...

HERALDO. *(Gime.)* ¡Oh!

CHAMBELÁN. ¡Señor! Por última vez. Decidnos. ¿Adónde vais?

NAPOLEÓN. A donde me manda la gloria de Robert Lorry... ¡Al olvido!

(Desaparece. Todos se acercan a la balaustrada y le despiden con la mano.)

SARAH. ¡Es un héroe!

DON JUAN. ¡Qué arrogancia!

CHAMBELÁN. La gloria ha perdido su mejor habitante...

HERALDO. ¡Viva el emperador!

TODOS. *(Conmovidos.)* ¡¡Viva!!

(DIEGO CORRIENTES, consternado, casi corriendo, entra con las manos en la cabeza.)

DIEGO. ¡Es horrible, tremendo, espantoso! ¡Una tragedia!

SARAH. ¿Qué es esto?

DON JUAN. Por los cielos, ¿qué sucede?

CHAMBELÁN. ¡Qué día!

DIEGO. *(Asfixiándose.)* ¡La cartera! ¡La cartera!

TODOS. ¿Qué?...

DIEGO. ¡Que me han robado la cartera!

TODOS. ¡¡Oh!!

TELÓN

Aunque en el escenario hay un vaho sobrenatural, inexplicable y misterioso, *la Gloria,* de Víctor Ruiz Iriarte no es el Cielo ni, por supuesto, el Infierno, sino una dependencia extra donde viven los que se hicieron famosos en el mundo, sin más requerimientos. En realidad, esa Gloria y el Cielo parecen bastante incompatibles, ya que Juana de Arco, por ejemplo, «es de las pocas personas que, al mismo tiempo, está en el cielo, porque fue santa; y en la Gloria, porque fue heroína». La gente ya no ambiciona ni sueña y, en general, prefiere ir al Limbo, así que estos gloriosos se aburren porque no hay gente nueva. Por lo que explica el Chambelán, esta Gloria es más problemática de lo que parece: para seguir luciendo, necesita el incienso de los museos, las bibliotecas, las orquestas, los espectáculos y, en suma, el esfuerzo de la memoria humana, sin cuyo impulso se desvanecería en el éter. ¿Es preciso morirse para entrar en esta Gloria de Ruiz Iriarte? Parece que sí, aunque no se dice si ha muerto o no el artista cinematográfico Robert Lorry, que «anoche» logró el gran triunfo glorificador. ¿Tuvo un accidente después del estreno de su película o ha llegado a la Gloria sin morir aún? No sabemos, aunque, a juzgar por el recibimiento de las damas, parece bastante vivo. El hecho es que los inmortales, que exudan un tufillo a vulgaridad, riñen y se reconcilian, cotillean, salen o no de noche, hacen conquistas amorosas, dan y reciben clases y hasta roban carteras, aunque —¡menos mal!— no pueden matarse unos a otros. Vemos, de España, a Don Juan, que es un pobre diablo, y a Diego Corrientes, un bandido bueno en la mejor tradición del oficio, y pululan entre los bastidores de la Gloria sin que los veamos, Séneca, incómodo de cruzarse con «La Fornarina» (Consuelo Vello Cano, no la de Rafael), y Alfonso X el Sabio, impartiendo clases de Derecho.

La obra comienza a serlo cuando aparece Napoleón y, poco después, Robert Lorry, intérprete de Napoleón (y glorificado por ello) en una biografía poco fiel del Emperador que acaba de triunfar en Hollywood. La Gloria —nos dice Ruiz Iriarte bromeando— debe ganarse con todas las de la ley, de primera mano, no por imitación. En el mundo no caben dos glorias napoleónicas; la de Lorry es vicaria, y Napoleón, indignado, se retira al olvido, porque no habrá ya más Napoleón que el artista de Hollywood, mucho más alto que él. Y porque sabe que le ocurrió lo mismo a María Estuardo con otra «peliculera» (Katherine Hepburn, 1936) y nadie hace ya caso de la reina de Escocia... Lorry ha robado la gloria a Napoleón, pero como la gloria la dan y la quitan los humanos, el Emperador de Francia, voluntaria o involuntariamente, se queda sin ella.

No deja de ser reveladora —recordemos a Ros— la obsesión napoleónica de estos años: los oscuros cuarenta, cuando los españoles iban «por el Imperio hacia Dios», que en *lingua galega* quería decir «de la paz augusta al bienestar del SEAT».

«Mortales de este mundo: sea su lote esta vida» (Salmo 17-V. 16,14).

Enrique Jardiel Poncela

El amor del gato y del perro

Diálogo estrenado el 5 de diciembre de 1945 en el teatro de la Comedia, de Madrid, con motivo de las 102 representaciones de *El pañuelo de la dama errante,* con el siguiente

REPARTO

AURELIA: Amparito Rivelles
RAMIRO: Pedro Porcel

ACTO ÚNICO

DECORACIÓN

Un despacho, o un «estudio», o un gabinete, o una sala o un saloncito, o un «living room» puesto con refinado buen gusto, es decir, con suma sencillez.
Es de día; por la tarde; en primavera.

(*Al levantarse el telón, en escena, sentada,* AURELIA, *y de pie, avanzando hacia ella,* RAMIRO.)

Aurelia es una muchacha de edad imprecisa, de esa edad imprecisa que en las mujeres de hoy abarca sin dificultad el lapso de tiempo comprendido entre los veinte y los treinta y cinco años. Muy linda de cara. El cuerpo, construido a base de la decisiva proporción de líneas rectas y de líneas curvas, que le es necesario a un cuerpo de mujer para que pueda entrar en la esfera de lo seductor. El pelo rubio y largo, caído en laxos rizos sobre los hombros y la espalda. Muy bien vestida. Dotada de ese misterioso e indecible fluido que emana de los movimientos, de los gestos y de todo el ser, que se conoce con el nombre de distinción personal, y para remate de tan extraordinario edificio, provista de dos piececitos típicamente españoles y de dos piernas de línea francamente internacional.

Ramiro, por su parte, se halla en la cuarentena, año más año menos. No es guapo, pero de todo él se desprende un especial atractivo producido quizá por una o dos causas —interior y exterior— que son, a saber: un pelo brillante y ondulado, que hace de su cabeza lo que los pintores del siglo XIX llamaban «una cabeza de estudio» y una inteligencia, tan ondulada y brillante como el pelo, que asoma resplandeciente a sus ojos, ya un poco habituados a considerar la vida como un viejo y conocido espectáculo que se pusiera en escena, inexorablemente, todas las temporadas al llegar el día primero de enero.

Se comprende que Aurelia ha venido de visita a casa de Ramiro: que hace un rato que aguarda que Ramiro aparezca, y que Ramiro acaba de aparecer.

AURELIA. *(Sorprendida, incorporándose en su sillón.)* ¡Ah!

RAMIRO. ¡No se mueva! No se mueva, por Dios... Siga usted sentada...

AURELIA. Gracias. *(Sentándose nuevamente.)* Muchas gracias... Me siento, pero a condición de que se siente usted también.

RAMIRO. ¡Oh! No se preocupe. Yo estoy bien así.

AURELIA. *(Con ansia.)* ¡No, no! Siéntese usted... ¡Le ruego que se siente!

RAMIRO. *(Extrañado.)* ¿Eh?

AURELIA. Le suplico encarecidamente que se siente. ¡Si usted supiera! No puedo soportar el estar yo sentada habiendo alguien de pie...

RAMIRO. *(Más extrañado aún.)* ¡Ah!

AURELIA. Es una manía superior a mis fuerzas y que, en ocasiones, me hace padecer muchísimo. Cuando voy al teatro, por ejemplo, me pongo tan nerviosa de ver de pie a los actores mientras yo estoy cómodamente instalada en la butaca, que, hasta que los de escena no se sientan, no empiezo a enterarme de la obra.

RAMIRO. *(Maravillado.)* ¿Es posible?

AURELIA. Ahí tiene usted el *Tenorio* sin ir más lejos: a pesar de que lo he visto una porción de veces, no he conseguido nunca saber lo que ocurre desde que el drama empieza hasta el momento en que Don Juan y Don Luis se sientan para la escena de «las conquistas»...[1]

RAMIRO. Hasta ese momento no ocurre nada demasiado importante.

AURELIA. Eso me dicen siempre en casa para que me tranquilice. Pero hay infinidad de comedias con las que no consiguen tranquilizarme en absoluto.

---

[1] Acto I, Escena XII.

Ramiro.   Siendo así, en materia de espectáculos, lo que a usted le conviene son los conciertos.

Aurelia.   *(Dando un respingo.)* ¿Los conciertos? ¡Qué horror!

Ramiro.   En los conciertos los músicos están siempre sentados.

Aurelia.   ¡Pero el director de la orquesta se pasa todo el rato de pie!

Ramiro.   ¡Ah, es verdad!

Aurelia.   Precisamente por culpa del director de orquesta, los conciertos me los tengo especialmente prohibidos. *(Sin poder contenerse más tiempo.)* ¡Si usted fuera tan amable de no seguir haciendo ahora de director de orquesta!

Ramiro.   *(Dándose cuenta de que está de pie todavía.)* ¡Es cierto! Usted perdone. Discúlpeme... ¡No me daba cuenta! *(Sentándose en un sillón y arrellanándose en él.)* ¿Respira usted ya a gusto?

Aurelia.   *(Respirando ampliamente.)*   ¡Ay, sí! ¡Qué descanso! Le aseguro que no podía más.

Ramiro.   ¿Se encuentra ya completamente tranquila?

Aurelia.   Completamente.

Ramiro.   Pues ahora que está usted ya completamente tranquila, me permito advertirle, señorita, que el especialista de enfermos nerviosos vive en el piso de al lado.

Aurelia.   Sí; ya lo sé. Ya sé que tabique por medio con usted vive el doctor Pallejá. Don Ataúlfo Pallejá. Y también sé que en el tercero vive otro especialista de los nervios. Don Oscar Mínguez. ¿Usted lo ignoraba? No me extraña, porque al doctor Mínguez no le conoce casi nadie. Y eso que es un médico extraordinario: el mejor especialista de los nervios de España, y uno de los mejores del mundo. Pero así son las cosas... Comparado con el doctor Mínguez, el doctor Pallejá es un principiante y, sin embargo, todas las personas que tienen los nervios a componer acuden a casa del doctor Pallejá y, en cambio, a la consulta del doctor Mínguez no va más que un solo enfermo de los nervios.

RAMIRO. Y ¿quién es ese enfermo de los nervios que va a la consulta del doctor Mínguez?

AURELIA. El doctor Pallejá. *(Ríen.)*

RAMIRO. He ahí una muestra de la sabiduría de la Naturaleza, porque si no existiera alguien capaz de curar al doctor Pallejá, el doctor Pallejá no podría curar a sus enfermos.

AURELIA. ¿Y usted cree que los cura?

RAMIRO. Me inclino a pensar que le falla alguno, porque si curase a todos, usted conocería el *Tenorio* completo.

AURELIA. ¿Cómo? ¿Es que supone que yo he venido a casa de Pallejá como paciente?

RAMIRO. Tal vez como impaciente...

AURELIA. No hay nada de eso. Yo tengo los nervios perfectamente normales.

RAMIRO. ¡Ya!

AURELIA. Pero de mi familia no puede decirse lo mismo. Y si he venido varias veces a casa del doctor Pallejá ha sido trayendo a mi padre, trayendo a mi tía Micaela y trayendo a Piluchi, que es mi hermana mayor.

RAMIRO. ¿Los tres tienen los nervios mal?

AURELIA. Los tres tienen los nervios hechos polvo; por causas distintas, pero parecidas. Mi hermana, porque estuvo tres veces para casarse y no consiguió casarse ninguna de las tres veces. Mi tía Micaela, porque estuvo tres veces para casarse y las tres veces se casó. Y mi padre, porque desde hace diez años que se quedó viudo de segundas nupcias, anda dudando si se casa o no se casa por tercera vez.

RAMIRO. Por lo que veo, pertenece usted a una familia muy romántica.

AURELIA. Atrozmente romántica. Y ya sabe usted lo juntos que están el romanticismo y el desequilibrio nervioso...

RAMIRO.   Tabique por medio: como el doctor Pallejá.

AURELIA.   A causa de su desequilibrio nervioso, mi padre, mi tía y mi hermana viven llenos de manías absurdas que no le enumero, porque son las cuatro de la tarde y me supongo que usted cenará a las nueve.

RAMIRO.   Sí. A las nueve en punto.

AURELIA.   Pero en lo que afecta a mí, que por desgracia, soy tan romántica como ellos, tengo, en cambio, la suerte de estar mucho más equilibrada; y realmente sólo padezco de manías: una, es la de no poder soportar que alguien permanezca de pie mientras estoy sentada yo...

RAMIRO.   ¿Y la otra?

AURELIA.   La otra... El ansia de ser feliz.

RAMIRO.   *(Incorporándose, bruscamente, asombrado.)* ¿El ansia de ser feliz?

AURELIA.   Sí; el ansia de ser feliz. ¡Pero por la Virgen, no se levante usted del sillón!

RAMIRO.   *(Confuso.)* No, no... No me levanto... Descuide usted. *(Volviendo a su postura anterior.)* Ha sido la sorpresa, la extrañeza, el... *(Recobrándose y mirando fijamente a* AURELIA.) De manera que ¿a usted el ansia de ser feliz la parece una manía?

AURELIA.   ¡Ya lo creo!

RAMIRO.   *(Sonriendo paternalmente y con cierta suficiencia.)* Pero, señorita, si consideramos el ansia de ser feliz como una manía, habría que declarar maniático a todo el mundo.

AURELIA.   *(Firmemente.)* ¡Ca!

RAMIRO.   *(Dejando de sonreír de un golpe.)* ¿Qué?

AURELIA.   Que no.

RAMIRO.   ¿Cómo que no?

AURELIA.   Como que no. Ya se sabe que todo el mundo siente el ansia de ser feliz; pero tal como yo la siento no la siente nadie; por eso le llamo manía. Porque estoy harta de comprobar que a las gentes, en general, les preocupa el ansia de ser feliz... pero poco.

RAMIRO.   ¿Poco?

AURELIA.   Poco. Nada más que a ratos. Y fuera de esos ratos, el larguísimo resto del día, las gentes viven totalmente absorbidas por otras cosas que no se relacionan para nada con el ansia de ser feliz. Yo hago todo eso que hacen las demás gentes, sin que nada de ello me preocupe ni me absorba, sino por el contrario, estando preocupada y absorbida por el ansia de ser feliz todo el tiempo en que me dedico a hacer esas cosas.

RAMIRO.   *(Sorprendido.)*   ¿Es posible?

AURELIA.   Y, así, me visto, me desnudo, como, bebo, leo y escribo cartas sin dejar ni un instante de decirme por dentro: «¡No soy feliz! ¡No soy feliz! ¡¡No soy feliz!!»

RAMIRO.   *(Más alarmado aún.)*   ¿Qué?

AURELIA.   Y cuando regaño con la familia, que es a todas horas, regaño, al parecer, por causas distintas y exteriores, pero, en realidad, regaño siempre por la misma causa interior: ¡porque estoy llena de rabia de no ser feliz! Y si por las noches descanso, es porque cuando duermo me paso todo el rato soñando que soy feliz... Y, en fin, al despertarme me siento desgraciadísima, porque entonces me doy cuenta que mi felicidad era sólo un sueño... ¡¡y de que la verdad es que no soy feliz!!

RAMIRO.   *(Ya muy alarmado; separándose del lado de* AURELIA *con sillón y todo.)* ¡Caramba!

AURELIA.   ¿Qué es eso? ¿Va usted a levantarse?

RAMIRO.   No. Esté tranquila. Es que retiraba el sillón.

AURELIA.   Le doy miedo, ¿verdad? *(Suspirando.)* ¡Ay! También yo a veces siento miedo de mí misma..., y usted comprenderá, señor Mendibarri, que en esas condiciones mi vida empezaba a ser un suplicio, un tormento, una tortura; algo absolutamente irresistible...

RAMIRO.   Claro, claro...

AURELIA.   Y hoy, ya incapaz de soportarlo más tiempo, me vine para aquí.

RAMIRO.   ¿A ver al doctor Pallejá?

AURELIA.   No. A verle a usted.

RAMIRO. ¿A mí?

AURELIA. ¡Naturalmente! Pallejá no es más que un médico, especializado en enfermedades nerviosas, y usted es un novelista psicológico, técnico en cuestiones del alma.

RAMIRO. ¡Ya! *(Después de una brevísima pausa.)* ¿Y usted piensa que yo puedo curarle de su manía?

AURELIA. *(Abriendo mucho los ojos.)* ¿Curarme? ¡No, por Dios! Si yo no quiero curarme... ¡Curarme, de ninguna manera! ¿Pues no me ha oído usted ya que lo que quiero es ser feliz? ¡A lo que vengo es a que usted me oriente para lograr serlo!

RAMIRO. *(Acercándose su sillón a* AURELIA *de nuevo súbitamente interesado.)* ¿A que yo la oriente?

AURELIA. Sí. Pero, ¡por favor! ¿No irá usted a levantarse?

RAMIRO. No, no; descuide. Es que acercaba el sillón.

AURELIA. Yo he leído todos sus libros, señor Mendibarri: *La muchacha de los ojos color naranja, Háblame sin palabras, El dardo perfumado, Viaje al centro de tu corazón...* todos. He leído todos sus libros de cabo a rabo, incluidos pie de imprenta, índice y fe de erratas; y después de haberlos leído estoy segura, tan segura como de que me llamo Aurelia Morán, de que usted es la persona que más sabe en cuestiones del alma.

RAMIRO. *(Solemnemente.)* En cuestiones del alma no hay nadie que sepa una palabra, señorita Morán.

AURELIA. Bueno. Igual se dice de la Medicina que nadie sabe nada; y, sin embargo, es evidente que si hay alguien que sepa algo de Medicina, ese alguien son los médicos. Los problemas psicológicos se hallan en el mismo caso quizá: pero si hay alguien que sepa algo del alma, ese alguien son los que se dedican a estudiarlo.

RAMIRO. ¿Usted cree? ¿Y no se le ocurre pensar que si los dos casos fueran iguales, a usted le habría bastado leer mis libros para saber acerca del alma todo lo que yo mismo pueda saber?

AURELIA. No. Porque en sus libros, como en todos los libros escritos por hombres verdaderamente inteligentes y verdaderamente sensibles, sólo hay preguntas. Y yo busco las respuestas.

RAMIRO. ¿Respuestas?

AURELIA. Sí, sí. Respuestas.

RAMIRO. Y esas respuestas ¿se las he de dar yo?

AURELIA. Usted.

RAMIRO. ¿Y ni por un instante recela que en mí puede no haber respuesta ninguna?

AURELIA. Ni por un instante lo recelo. Para mí usted tiene una respuesta para cada pregunta. Y me supongo que si no da respuestas en sus libros, que están destinados a miles de personas, es porque las respuestas las guarda usted para una persona sola. (Resumiendo.) ¡Y por eso he venido! (Después de una pausa.) ¿Qué contesta usted?

RAMIRO. Que es usted mucho más lista de lo que puede uno calcular al verle las piernas.

AURELIA. (Esforzándose por no ruborizarse y tirando hacia abajo de su vestido.) ¿Cómo? ¿Tan bonitas son que hacen pensar en mi torpeza?

RAMIRO. Justamente. Pero como yo estoy convencido de que es usted listísima, en vez de seguir luchando... declaro que me rindo.

AURELIA. (Alegrísima.) ¡Que se rinde! ¿Entonces está usted dispuesto a orientarme?

RAMIRO. Sí.

AURELIA. ¿Y contestará usted a...?

RAMIRO. A todo lo que me pregunte.

AURELIA. (Palmoteando.) ¡Espléndido! ¡Ah, qué éxito, señor Mendibarri! Nunca pensé tener tanto éxito en tan poco rato... ¡Dios mío! (Preocupada.) Y ahora que puedo preguntarle a usted lo que quiera, me doy cuenta de que no sé por dónde empezar... (Sonriendo.) Menos mal que antes de venir, en casa, ya me temí que esto iba a suceder y traigo las preguntas apuntadas en un cuadernito... *(Ha abierto el bolso y ha sacado de él un cuadernito de apuntaciones.)*

RAMIRO.   ¡Qué previsión!

AURELIA.   Es el cuadernito en que apunto todo. *(Abriendo y pasando hojas, buscando mientras lee para sí.)* «Letra de la canción Amor, amor», «Regalarle a papá unos tirantes», «Martes, dentista a las cinco», por aquí debe de estar. *(Leyendo de nuevo.)* «Ir a buscar las medias que llevé a coger puntos»... «Preguntas a Ramiro Mendibarri...» *(Triunfalmente.)* ¡Aquí!

RAMIRO.   Veamos...

AURELIA.   *(Mirando en el cuadernito y chupándose una uña.)* ¿Por dónde empezarías, Aurelia? ¿Por dónde empezarías? *(Decidiéndose.)* ¡Sí! ¡Eso es! Puesto que la cuestión principal es ser feliz, la primera pregunta debe ser la relativa a la felicidad... *(Volviéndose a RAMIRO.)* Vamos a ver, señor Mendibarri: Ante todo... ¿qué es la felicidad?

RAMIRO.   La felicidad es el estado de conciencia de que se es feliz.

AURELIA.   *(Repitiendo lentamente.)* El estado de conciencia de que se es feliz... *(Deduciendo.)* Lo cual quiere decir ¿que la felicidad no es ser feliz?

RAMIRO.   Exacto. La felicidad no es, necesariamente, ser feliz. Pero sí es la felicidad el creer uno que es feliz.

AURELIA.   *(Rápidamente.)* ¿Y qué es creer uno que es feliz?

RAMIRO.   Creer uno que es feliz es el alcaloide de la fatuidad: aquel alcaloide de la fatuidad en virtud del cual un ser humano, aunque no sea distinguido, ni hermoso, ni sano ni afortunado, ni inteligente, ni amado por nadie, ni se halle en posesión de ningún éxito, se cree en su interior en posesión de todos los éxitos y se imagina ser amado por todo el mundo, y se tiene por una criatura inteligente, afortunada, sana, hermosa y distinguida.

AURELIA.   *(Estupefacta.)* ¡Oh!

RAMIRO.   Todo ser humano, hombre o mujer, joven o viejo, pobre o rico, en cuyo organismo se elabora el alcaloide de la fatuidad, cree que es feliz; es decir, es feliz. O, lo que es lo mismo; tiene en su mano apresado el pájaro fugitivo de la felicidad.

AURELIA.   Luego la felicidad no es un hecho real.

RAMIRO.   No. La felicidad es una postura del espíritu.

AURELIA.   *(Asustada.)*   ¡Y para ser feliz hay que ser tonto!

RAMIRO.   No es rigurosamente necesario, pero se lleva adelantado mucho.

AURELIA.   ¡Dios mío!

RAMIRO.   Sin embargo, ser tonto no es una patente para ser feliz: hay que ser fatuo, pues es la fatuidad y no la tontería la facultad que hace de la criatura humana una criatura feliz. Considere usted que si todos los fatuos son felices, no todos los tontos son fatuos.

AURELIA.   *(Pensativa.)*   Sí, sí... Claro... claro. ¡Bueno! ¿Ve usted? Pues jamás se me habría ocurrido a mí todo eso... ¡¡Es admirable!! *(Mirando fijamente a* RAMIRO.*)* ¡Es sencillamente admirable!

RAMIRO.   Muchas gracias. *(Después de una pausa.)* Pero adelante... ¿No le parece?

AURELIA.   *(Volviendo en sí de su éxtasis admirativo.)* ¿Eh? ¡Ah, sí, sí! ¡Adelante! Pero... antes, será conveniente que usted sepa, señor Mendibarri, que al hablar yo de felicidad y de ansia de ser feliz, me refiero concretamente y exclusivamente a la felicidad del amor, al ansia de ser feliz en amor...

RAMIRO.   Sí; ya lo supongo. ¿A qué otra cosa podría usted referirse perteneciendo a una familia tan romántica?

AURELIA.   Y en tal caso... *(Consultando de nuevo su cuadernito.)* En tal caso la segunda pregunta tendrá que ser forzosamente... Forzosamente...

RAMIRO.   ¿Qué es el amor?

AURELIA.   *(Volviendo sus ojos a* RAMIRO.*)* ¡Eso es! ¿Qué es el amor? Conque ya está dicho... ¿Qué es el amor, señor Mendibarri?

RAMIRO.   Pues el amor, señorita Morán, es, en sus

cimientos, la atracción física de los seres; en su cúpula la unión armoniosa de las almas de esos seres, y en su masa, un edificio que se viene al suelo cuando fallan los cimientos y del cual lo primero que se hace añicos es la cúpula.

AURELIA. *(Abriendo desmesuradamente los ojos y dejando escapar un largo y agudo silbido de asombro y admiración.) (Reaccionando en seguida muy azorada).* ¡Ay, usted perdone! Perdone usted..., se me ha escapado el silbido sin querer. Es que mi padre silba así siempre que oye algo extraordinario, y como la definición es extraordinaria... y tremenda... ¡Porque es tremenda, señor Mendibarri!

RAMIRO. ¿Usted cree?

AURELIA. ¡Tremendísima! Porque si el amor es en sus cimientos atracción física, y en su cúpula unión de almas, y en su masa un edificio que se viene al suelo al fallar los cimientos y del cual lo primero que se hace añicos es la cúpula... Pues quiere decirse que la base del amor ¿es la atracción física?; es decir: la belleza externa...

RAMIRO. Precisamente.

AURELIA. ¡Qué horror!

RAMIRO. ¿Eh?

AURELIA. ¿Y quiere decirse que sin atracción física, sin belleza externa, no hay amor posible?...

RAMIRO. Tal creo.

AURELIA. ¡Qué horror! ¡Qué horror!

RAMIRO. ¿Qué?

AURELIA. ¿Y quiere decirse, en fin, que la unión de las almas se hace añicos en cuanto falla esa atracción física, esa belleza externa...?

RAMIRO. Me lo temo mucho.

AURELIA. *(Tapándose el rostro con las manos.)* ¡Qué horror!, ¡¡qué horror, qué horror!!

RAMIRO. ¿Pero a qué viene ese horror? ¿Por qué se horroriza usted, si usted casualmente es bellísima?

AURELIA. *(Destapándose el rostro rápidamente.)* ¿A usted le parece que lo soy?

RAMIRO.   A mí y a todo el mundo. ¿No ha comprobado usted ya que se lo parece a todo el mundo?

AURELIA.   Sí. Verdaderamente tengo ya comprobado que se lo parece a todo el mundo. Y a mí también me lo parece...

RAMIRO.   *(Sin poder reprimir una sonrisa.)* ¿Entonces...?

AURELIA.   Pero... ¿y él?

RAMIRO.   ¿Él?

AURELIA.   ¡Claro! ¡¡Él!! Si cuanto usted dice es cierto, para que el amor nazca y subsista no basta con que sea bonita ella, sino que también tiene que ser guapo él... ¿O es que usted opina que sólo tiene que ser guapa ella?

RAMIRO.   ¿Cómo voy yo a opinar semejante cosa?

AURELIA.   *(Interesadísima.)* ¡Ah! ¿Usted cree que él también tiene que ser guapo?

RAMIRO.   Sí.

AURELIA.   *(Más interesada aún.)* ¿Y por qué lo cree usted?

RAMIRO.   Porque para mis análisis me atengo estrictamente a la realidad, y la realidad pone de manifiesto a diario que lo mismo que al hombre le atrae ante todo la mujer linda, a la mujer le atrae ante todo el hombre guapo.

AURELIA.   *(Insidiosamente.)* Pues suele decirse y admitirse que «el hombre y el oso, cuanto más feo es más hermoso».

RAMIRO.   Ya lo sé. Pero esa injuria a la unánime y majestuosa belleza de los osos, no es más que un falso aforismo consolador inventado por los hombres feos y su difusión se debe al número apabullante de feos que anda por el mundo.

AURELIA.   *(Que le ha escuchado arrobada, con placer vivísimo, de pronto, llena de admirativo entusiasmo.)* ¡Magnífico! ¡¡Estupendo!! ¡Estupendo, Mendibarri! ¡Así se habla, sí, señor! ¡Ya sospechaba yo que era usted un ser excepcional! ¡Un ser único!

Ramiro.   ¿Cómo?

Aurelia.   ¡Es la primera vez que le oigo a un hombre feo afirmar y sostener que el principal mérito del hombre sea ser guapo!

Ramiro.   *(Sonriendo de nuevo.)* Quizá ello se deba únicamente a que no ha habido hombre guapo capaz de robarme el amor de ninguna mujer.

Aurelia.   *(Vivamente.)* ¡¡Claro!! ¡¡Y es natural que así haya sido!! Porque si a todas las mujeres las ha hablado como está usted hablándome a mí, a todas les habrá parecido usted guapo.

Ramiro.   ¿Eeh? *(Después de un silencio.)* ¿Decía usted?

Aurelia.   *(Rápidamente.)* ¡Nada, nada! No decía nada, no he dicho nada... *(Con una transición y recobrándose.)* Bueno, claro: sí he dicho. Y lo que he dicho me hace pensar... que un hombre puede no ser guapo y, sin embargo, parecérselo a una mujer.

Ramiro.   Sin duda alguna. Y con las mujeres sucede lo mismo, y así se aclara el misterio de que el amor existe abundantemente en un mundo en el que las feas y los feos son legión y que en su gran masa está formado de exterior físico mediocre.

Aurelia.   Mediocre... ¡Mediocre! ¡Esa es la palabra, Mendibarri! Porque no hay duda de que la humanidad es mediocre.

Ramiro.   Sí. Eva fue blanca, y Adán fue negro, y la unión de ambos ha producido una Humanidad gris.

Aurelia.   ¡Maravilloso! *(En un nuevo éxtasis admirativo.)* ¡¡Formidable!! *(Después de mirar largamente en silencio a* Ramiro.*)* ¡Formidable, Mendibarri! Formidable, Ramiro...

Ramiro.   Muchas gracias, señorita Morán. Pero podríamos seguir, ¿no?

Aurelia.   *(Reaccionando.)* Sí, sí. Naturalmente... Vamos a seguir. *(Consultando de nuevo su cuadernito.)* ¿Cuál es la pregunta que debe ir a continuación...? Me parece que ésta.. ¡Esta, sí!

RAMIRO.   Ya escucho.

AURELIA.   ¿El amor ha sido siempre tal como es hoy?

RAMIRO.   Seguramente, no. Yo, cerrando los ojos, veo al hombre de las cavernas acechar los movimientos de la mujer, saliéndole al paso de pronto, y llevándosela para devorarla en la espesura. ¿No ve usted lo mismo al cerrar los ojos?

AURELIA.   No me atrevo a cerrar los ojos por si lo veo. Pero, dígame usted... ¿Y la mujer no se resistía?

RAMIRO.   Indudablemente, llegó un día en que se resistió. Llegó un día en que la mujer se negó a ser capturada sin su voluntad y el hombre comenzó a idear halagos para convencerla: había nacido el amor...

AURELIA.   (Con un hilito de voz.)   Precioso, Ramiro.

RAMIRO.   Y en lo sucesivo y eternamente ya, el instinto iba a estar controlado por el sentimiento.

AURELIA.   (Mirando a RAMIRO más fijamente que nunca.) ¡Admirable! (Volviendo bruscamente los ojos al cuadernito y en un tono falsamente ligero.) ¿Cuáles son los síntomas del amor?

RAMIRO.   En el hombre, la timidez; en la mujer, la osadía.

AURELIA.   (Después de unos instantes de reflexión.) Paso por lo de la mujer, pues es cierto y yo he comprobado varias veces que una mujer enamorada se atreve a todo. Pero lo del hombre...

RAMIRO.   ¿Qué?

AURELIA.   Que no lo veo claro. En amor los hombres son siempre audaces y cuando no son audaces nada consiguen, porque a la mujer no le gusta el hombre tímido.

RAMIRO.   Usted confunde al seductor con el hombre enamorado.

AURELIA.   ¿Cómo, cómo?

RAMIRO.   Que el seductor, el hombre que se propone enamorar a una mujer, es siempre audaz, señorita Morán; porque sabe, como lo sabe usted, que a la mujer no le gusta el tímido y que sin audacia no conseguirá nada. Pero es que el seductor no es nunca un hombre enamorado: por eso precisamente puede ser audaz, y por eso precisamente es seductor. Mientras que, por el contrario, el hombre enamorado es tímido porque está enamorado; y, como ama, no piensa en hacer el amor; y no pretende seducir, porque es él el seducido.

AURELIA. *(Alegrísima.)* ¡Dios mío! Entonces a una mujer le es muy fácil saber si el hombre que se le acerca está enamorado o no...

RAMIRO. Facilísimo.

AURELIA. Basta con observarle y ver si muestra timidez o audacia.

RAMIRO. Justamente. Exceptuando, como cae por su peso, los casos de hombres que son tímidos por propia naturaleza.

AURELIA. ¡Ah, claro, claro!

RAMIRO. Resumiendo: que un hombre que al acercarse a usted se muestre tímido, es un enamorado seguro; y que un hombre que al acercarse a usted se muestre audaz, no es un enamorado, aunque se lo jure por las estrellas del firmamento, pero lo es, sin duda alguna, en cuanto pierda la audacia con usted.

AURELIA. Como *Don Juan Tenorio* en el quinto acto *(sonriendo)*. Y ya ve usted que el final de *Don Juan Tenorio* sí lo conozco.

RAMIRO. Pues conociendo el final de *Don Juan Tenorio* conoce usted el final de todos los donjuanes, porque es una infalible ley del amor, que toda mujer aspira a un don Juan audaz... para convertirle en un enamorado tímido.

AURELIA. ¡Qué gran verdad!

RAMIRO. Sí. ¡Y qué fuente de desdicha para la mujer y para los donjuanes! *(Levantándose.)* Pero con permiso de usted y perdóneme si me levanto: voy a encender las luces.

AURELIA. ¡Virgen! Es cierto... que estamos casi a

oscuras... *(En efecto, ha anochecido casi del todo.)* Tengo que irme.

RAMIRO. *(Que ha hecho girar un interruptor, encendiendo las luces, volviendo junto a* AURELIA.*)* ¿Es que ya no le quedan más preguntas que hacer?

AURELIA. Preguntas aún me queda una, pero es muy tarde... y como he salido sola...

RAMIRO. *(Sentándose de nuevo.)* Pues venga esa pregunta y se va usted.

AURELIA. Es que... es que es la pregunta más importante para mí...

RAMIRO. ¡Ah!

AURELIA. ...Y quizá sea la respuesta más difícil para usted. ¿Existe en el ser humano un detalle fácil de observar, una cualidad que salte a la vista, una piedra de toque, en fin, que pueda garantizarle a otro ser la seguridad de lograr con él el amor completo?

RAMIRO. Sí. Existe en el hombre y existe en la mujer.

AURELIA. *(Impresionadísima.)* ¡Dios mío! *(Con suprema ansia:)* ¿Y qué detalle es ese? ¿Qué cualidad es ésa?

RAMIRO. Al parecer, todos los humanos sienten de igual modo el amor, señorita Morán, pero no hay nada menos cierto que esa apariencia. Por el contrario, la verdad real es que desde el punto de vista del amor, los seres humanos se dividen en dos grupos: los que necesitan amar y los que necesitan ser amados.

AURELIA. ¿Entonces...?

RAMIRO. Entonces la reunión capaz de producir un amor con garantías de duración y solidez, es siempre la de dos seres que pertenezcan a grupos distintos.

AURELIA. ¿Una mujer que necesite amar y un hombre que necesite ser amado?

RAMIRO. O una mujer que necesite ser amada y un hombre que necesite amar...

AURELIA. ¡Pero amigo mío...! Pero... ¿y para saber a qué grupo pertenece cada cual?

Ramiro. Para eso existe una piedra de toque definitiva: el amor del gato y del perro.

Aurelia. ¿El amor del gato y del perro?

Ramiro. Sí. Porque esos dos encantadores animales domésticos simbolizan los grupos en cuestión y hasta se diría que ambos están en el mundo para ser preferidos respectivamente por los seres que constituyen los dos grupos. El gato es todo egoísmo y frialdad, el perro es todo generosidad y efusión. Y así instintivamente les gustan los gatos a aquellos seres que necesitan amar les gustan los perros a aquellos seres que necesitan ser amados: y el gato se deja amar de los que le aman y el perro ama a los que le piden amor.

Aurelia. ¿Luego para saber si una persona necesita amar o ser amada basta con averiguar si le gustan los perros o prefiere los gatos?

Ramiro. Cabalmente. ¿No es sencillo?

Aurelia. Sencillísimo. Pero ¿y los que no tienen predilección ni por los gatos ni por los perros?

Ramiro. Esas gentes siniestras ni necesitan amar, ni ser amadas, ni tienen nada que hacer en el mundo de los afectos. Huya usted siempre de esas gentes: son las basuras de la Humanidad.

Aurelia. *(Levantándose rápidamente.)* Huiré de esas gentes, y de usted, amigo mío, aunque lo siento. Pero están dando las ocho. No puedo retrasarme más.

Ramiro. *(Levantándose rápidamente también.)* ¿Seguro que ya no queda en su cuadernito ninguna otra pregunta?

Aurelia. En el cuadernito, seguro que no. Pero en la punta de la lengua tengo una que... Me gustaría saber si usted prefiere los gatos o los perros.

Ramiro. Yo, personalmente, prefiero los perros.

Aurelia. Pues eso es todo. ¡Adiós, amigo mío! *(Le estrecha la mano con efusión.)* Le quedo reconocida para siempre. He pasado la tarde más deliciosa de mi vida.

Ramiro. Yo también, señorita Morán. Y considere

usted que mi vida ha sido hasta hoy más larga que la suya...

AURELIA. *(Parándose en el foro y clavando de nuevo en* RAMIRO *una de sus largas miradas.)* Muchas gracias. Muchísimas gracias. Y ¿me permite usted que le diga una cosa estrictamente confidencial?

RAMIRO. Le suplico que me la diga.

AURELIA. Pues... *(Dudando, confusa, un poco nerviosa.)* Pues que yo, Mendibarri... Pues que, amigo mío...

RAMIRO. ¿Qué?

AURELIA. Pues que yo, Ramiro... personalmente prefiero los gatos. *(Hay un silencio durante el cual se miran fijamente. Al cabo,* RAMIRO *va hacia* AURELIA *dando señales de gran agitación.)*

RAMIRO. ¡Aurelia! *(Se cogen las manos. Nos apostamos cualquier cosa a que van a besarse cuando cae el*

TELÓN)

Si un «diálogo» así lo hubieran escrito Oscar Wilde o Noel Coward, sería en España repuesto, recordado con especial deleite y conocidísimo por los amantes, profesionales o no, del teatro. Pero Jardiel Poncela era español y los españoles sólo se pierden en su país. Jardiel no se perdió en América —Hollywood—, donde quisieron retenerle, pero el virus de lo hispánico, que él padecía, acabó venciéndole. Por cierto que Noel Coward pudo conocer *Un marido de ida y vuelta* (1939) —se habló entonces de ello—, y esta comedia originar otra del autor inglés, que triunfaría más tarde en Madrid: *Blithe Spirit* (1941), *Un espíritu burlón.*

El amor del gato y el perro atestigua, una vez más, la gran ternura por los animales que sentía Jardiel, visible en el «papel» que jugaron en no pocas de sus obras, siendo quizá «Josefina», la mona amaestrada de *Angelina o el honor de un brigadier,* la más famosa. Jardiel, «necesitaba ser amado» y, por lo tanto, prefería los perros. Se conservan fotografías de él con su perra *Rosita* y con el lobo *Boby,* que descansaba a sus pies en los cafés mientras el comediógrafo escribía, y cuyo dolor al morir su amo acabó con él dos semanas más tarde. Las gentes insensibles a perros y gatos son «siniestras», «basuras de la Humanidad»: «no tienen nada que hacer en el mundo de los afectos».

Lo mismo que tantos dramaturgos culpan parcialmente de pasiones ciegas al verano, Jardiel impulsa con la primavera la osadía de Aurelia, indicio de lo que parece su amor por Ramiro. Porque una mujer —o un hombre— con manías y, además, familia maniática, debería ir a un siquiatra y no a la casa de un novelista, por muy técnico que sea en cuestiones de alma. Y aún más si en la casa misma del novelador viven dos especialistas de enfermedades nerviosas.

Una de las dos manías de Aurelia puede ser pura farsa: la de no soportar que alguien esté de pie cuando está ella sentada. Lo que, sin duda, desea es quitarle prisa a la entrevista, relajar a su interlocutor y llevarle a su terreno con tiempo por delante. Las alusiones a *Don Juan Tenorio* quizá nos den una clave de lo que ella busca y de lo que quiere la obra poner al día: una escena del sofá al revés, en que el entusiasmo y la iniciativa son de ella; donde la cabeza va por delante del corazón y el blandengue y ominoso sofá se cambia, de momento, por dos sillones asépticos. Conviene constatar, sin embargo, que esa primera manía de Aurelia quita recursos al comediógrafo y, formulado el capricho por ella, el autor no tiene otra defensa que la carga de interés que lleven las palabras. Pero Jardiel disfrutaba con el «todavía más difícil», sin importarle sobre la marcha (no en este caso, claro) que el tercer acto tuviera o no «salidas», es decir, consiguiera o no el aplauso final. De la segunda manía de Aurelia, «el ansia de ser feliz en amor», nadie podría dudar lo más mínimo.

Ramiro Mendibarri no es, particularmente, jardielesco, sino, más bien, una creación tópica de alta comedia, pero Aurelia Morán tiene el sello inconfundible de su autor y pertenece a esa galería gozosa de mujeres que pasean sus manías con la misma naturalidad que el bolso y son hipersensibles, resueltas, capaces de olvidarse en escena hasta de su sombra o emitir un largo silbido, nada bucólico, de asombro o admiración.

Alfonso Sastre

Cargamento de sueños

Drama para vagabundos, estrenado el 9 de enero de 1948 en el teatro del Instituto «Ramiro de Maeztu», de Madrid, con el siguiente

REPARTO

FRAU:	Elisa Paso
LA MADRE:	Consuelo Marugán
MAN:	Alfonso Paso
JESCHOUA:	Ricardo Pérez Martín
EL PADRE:	Pedro Ruiz Gea

No hablan: el MÉDIUM, VARIOS ESPIRITISTAS *y* LOS DOS HOMBRES INDIFERENTES.

Acción: en una encrucijada cualquiera del viejo continente europeo.

A LOS VAGABUNDOS

Porque en un instante cualquiera de esta noche oirán de los labios metafísicos del Cristo el anuncio de la madrugada.

EL AUTOR

ACTO ÚNICO

Una encrucijada. Al fondo, la llanura, sembrada de irreales —o sobrerreales— esfinges. Un poste indica: «Ewigkeit»[1]. Un farol con panza de violín ilumina, con la luna, este paisaje dormido bajo la desolación de un otoño futuro. Un velador de espiritistas. Un enorme tablero de ajedrez sin piezas, sobre una mesita. Sillas alrededor del velador y dos junto al tablero de ajedrez, frente a frente. Apoyado en el farol, un atizador de chimenea.

El cuerpo de un hombre —MAN[2]— está tendido en el suelo, inmóvil, cara a las estrellas. Un largo silencio. Llegan LOS DOS HOMBRES INDIFERENTES. Van cogidos del brazo. Al pasar ven el cuerpo de MAN y se detienen. Se miran. Uno de ellos se acerca resueltamente al cuerpo. Le sigue el otro y ambos lo contemplan. El que se acercó primero golpea una vez, con el pie, la cabeza de MAN y consulta a su compañero con la mirada. Éste sonríe enseñando unos dientes íntegramente negros, y mueve con el pie el cuerpo que empieza a removerse. Entonces vuelven a cogerse del brazo y se marchan en silencio. (Pausa.) MAN ha ido incorporándose y queda sentado. Mira desconsolado al público. Queda inmóvil, llorando. Saca un pañuelo y se seca las lágrimas. Después —con lentitud— dirige su mirada hacia los palcos y las localidades altas del teatro. Queda mirando fijamente. Ha llegado por detrás JESCHOUA con un paraguas colgado del brazo. Queda quieto, sin hacer ruido. Luego saca un cigarrillo y lo pone en la boca de MAN, que no se mueve. Enciende

---

[1] *Ewigkeit,* alemán: Eternidad.
[2] Hipocorístico de Manfred: *Hombre,* en inglés. En alemán, llevaría doble *n: Mann.*

una cerilla y se la da a MAN. Éste la acepta en silencio, sin mirar a JESCHOUA —que aún está detrás— y enciende el cigarrillo. Fuma y, bruscamente, dice, dirigiéndose con toda claridad al público.

MAN.   Bueno, vamos a ver. ¿A qué habéis venido aquí? *(Sarcástico.)* Me gustaría saberlo. *(Con voz aburrida.)* Resulta curioso pensar que ni vosotros mismos lo sabéis. *(Fuma y se vuelve hacia* JESCHOUA, *que ha abierto el paraguas y cobija a* MAN *de una imaginaria lluvia. Lo contempla y, dulcificando un poco la voz, añade.)* Y tú, ¿qué querías?

JESCHOUA.   *(Sin inmutarse.)*   Hola, amigo. *(Con toda naturalidad se sienta junto a él.)* ¿Hablabas con alguien?

MAN.   Sí. *(Mira hacia el público, con inquietud.)* Hay muchos que me miran.

JESCHOUA.   *(Pensativo, observándole.)*   ¿Cómo puedes decir eso? Estamos solos. ¿Ves? *(Señala a todas partes.)* Completamente solos.

MAN.   *(Receloso.)*   ¿De veras? *(Mira de nuevo, queriendo convencerse.)* ¿Solos?

JESCHOUA.   Sí, solos tú y yo, bajo la noche.

MAN.   *(Con voz ronca.)*   Sin embargo...

JESCHOUA.   ¿Qué piensas?

MAN.   *(Queriendo definir su situación.)*   Es como si la humanidad entera me contemplara esta noche.

JESCHOUA.   ¡Bah! Tonterías.

MAN.   *(Convencido.)*   No. Yo sé que me contemplan. *(Un silencio.)* Y algunos se ríen. Oigo sus risas... Escucha.

JESCHOUA.   No oigo nada.

MAN.   *(Ríe.)*   Se figuran que yo soy un bufón. *(Escucha.)* ¿Oyes?

JESCHOUA.   *(Le mira preocupado.)*   No.

MAN.   Estás sordo. Se oye —ja, ja, ja— la risa de la gente.

JESCHOUA.   *(Le observa y dice, cerrando el paraguas.)*   Verás, es mucho más sencillo. Tienes fiebre.

MAN. ¿Fiebre yo? *(Se toca la frente y abre mucho los ojos.)* ¡Fiebre!

JESCHOUA. ¿Te convences? (MAN *le mira aterrado.)* Estás asustado... y empiezas a preocuparte. (MAN *no acierta a responder.)* Delirabas. La fiebre nos hace ver cosas que no existen. Pero no te preocupes. Ahora estoy yo aquí y no tienes nada que temer.

MAN. ¿Eres acaso médico?

JESCHOUA. ¿Médico? ¿Para qué?

MAN. *(Trémulo.)* Tengo fiebre. Tú mismo lo has dicho. Estoy enfermo. Quizá voy a morir.

JESCHOUA. *(En tono ligero.)* ¿Cómo te llamas?

MAN. Man. ¿Y tú?

JESCHOUA. Jeschoua.

MAN. Bueno, y ahora, ¿qué piensas hacer conmigo?

JESCHOUA. No te comprendo.

MAN. *(Cada vez más nervioso.)* Estoy enfermo. Apenas puedo andar.

JESCHOUA. ¿Y no te habías dado cuenta de eso... hasta ahora?

MAN. *(Sombrío.)* No, pero tú me lo has dicho y es verdad.

JESCHOUA. ¿Tienes hambre?

MAN. *(Con desprecio.)* Bah, no es eso..., te equivocas. He comido.

JESCHOUA. ¿De dónde eres?

MAN. Del norte.

JESCHOUA. Hay buena gente por allá... como en todos los sitios. Pero luego algunos se extravían.

MAN. *(Se siente observado y le mira.)* Yo no soy de ésos.

JESCHOUA. *(Le observa detenidamente.)* ¿Entonces?

MAN. Ando mucho. Nunca he hecho otra cosa. Me gusta.

JESCHOUA. ¿Y... esta noche?

MAN. Deja que lo recuerde. Iba andando y de pronto he visto dos caminos. *(Señala.)* Esos *(Reflexiona.)* Entonces me he sorprendido llorando. Recordaba, ¿sabes?

JESCHOUA.   ¿Y después?

MAN.   He sentido..., no sé cómo decirlo... Una sensación... Y ya no podía dar un paso. «Estoy cansado», es lo único que se me ha ocurrido pensar..., y me he tendido aquí. Luego..., intentaba dormir, y alguien..., no sé quién..., me ha despertado. *(Se toca la cabeza.)* Me duele mucho. *(Se mira la mano, preocupado.)* ¡Es sangre!

JESCHOUA.   Creyeron que estabas muerto. Yo vi cómo te golpeaban.

MAN.   *(Asombrado.)* ¿A mí?

JESCHOUA.   *(Amargamente.)* Sí; para convencerse... te golpearon. Los hombres no quieren que haya cadáveres por los caminos.

MAN.   Pero... es terrible. *(Con una sonrisa desdeñosa.)* Como si fuera un perro. ¿Y qué hicieron después?

JESCHOUA.   Vieron que abrías los ojos..., que te removías. Y se marcharon convencidos de que estabas borracho.

MAN.   *(Se ríe.)* ¡Borracho! Sí, eso quisiera yo.

JESCHOUA.   ¿Por qué?

MAN.   A veces... me gusta olvidarlo todo. ¿A ti no?

JESCHOUA.   No. Es hermoso recordar.

MAN.   Está bien. Bueno, ahora déjame dormir. Tengo sueño.

JESCHOUA.   ¡Oh, no! Sería horrible. Tú figúrate. No es agradable dormirse para no despertar ya más en este mundo.

MAN.   *(Con miedo.)* ¿Qué dices?

JESCHOUA.   No me hagas caso.

MAN.   *(Con terror.)* Pero... has dicho algo espantoso.

JESCHOUA.   *(Como disculpándose.)* Perdona... Sin querer he pensado que..., que...

MAN.   Vamos, dilo.

JESCHOUA.   Que podías dejar de vivir. Figúrate; esto

puede sucederle a todo el mundo. Un hombre puede morir mientras duerme... Muchas veces ha pasado.

MAN.   Ya. Pero si quieres hablemos de otra cosa.

JESCHOUA.   Está bien. Dime cómo eres y qué piensas del mundo. (MAN *se estremece.*) ¿Tienes frío?

MAN.   Un poco.

JESCHOUA.   *(Se quita una prenda de su traje.)*   Toma.

MAN.   Gracias.

JESCHOUA.   ¿Te encuentras bien?

MAN.   Sí..., parece. Algo... *(Hace un gesto con la mano.)* Algo nervioso. Tiemblo un poquito... y me duele la cabeza. Sueño con una ventana azul, tan azul como si no existiera. Sin embargo, soy un pobre imbécil. Cuando lo pienso me da asco.

JESCHOUA.   ¿De ti?

MAN.   *(Afirma.)*   Y del mundo.

JESCHOUA.   Comprendo. Casi veo tu vida: desilusiones... y fracaso.

MAN.   *(Sorprendido.)*   ¿Cómo lo sabes?

JESCHOUA.   Conozco mucho al mundo. *(Le observa detenidamente.)* Llevas el traje roto. Y sucio.

MAN.   Déjame.

JESCHOUA.   Lo decía porque..., a pesar de todo, no pareces un vagabundo..., ¿entiendes? Quiero decirte...

MAN.   Déjame. *(Un silencio.)* Hay algo que se interpone entre mí y la verdad. Una carga querida y absurda. El estúpido soporte de los Sueños. Y, por otra parte, acaso yo sea un sueño, una pasión sin objeto, un error del espacio. Las cosas viven ignorándome. No existo para ellas. Ellas tampoco existen. Nadie las ve. Esfinges... ¡oh, sí! Esfinges espantosamente plácidas en su muerte. Y esto soy yo: algo detrás de una máscara, algo detrás de una equivocación biológica. Aquí estoy, viéndome. Me llevo encima como un traje, un viejo, roto y querido traje. Ese es mi cuerpo. Ya lo ves. Brazos, piernas..., cosas que palpitan, líquidos que circulan... *(Se toca la frente.)* Y algo raro, que me estorba, aquí dentro. ¡Cómo pesa!

JESCHOUA.   ¿Qué?

MAN.   El cuerpo. Jeschoua, escucha... He sido, en vida... No sé si lo entiendes. En vida...

JESCHOUA.   ¿En vida? Calla, no estás muerto.

MAN.   Ya. Sin embargo, deja que te hable así. En vida, buscaba entre mil caminos el Camino, y no lo encontraba. Cazaba sombras en vez de ideas. Cazaba, como te digo, sueños.

JESCHOUA.   ¡Sueños!

MAN.   Sí, y, a veces, pesadillas. *(Por su cabeza.)* Este cofre de sueños ilustrados, de tristes margaritas, de cadáveres. *(Mira al cielo.)* ¡Qué hora tan propicia! La luna, allá y nosotros aquí, bajo un peso de sueños. ¿Eh? ¿Qué te parece?

JESCHOUA.   Maravilloso. *(Saca cigarrillos.)* ¿Quieres fumar?

MAN.   Sí. *(Enciende.)* Arrastro, ¿sabes qué? Un cargamento de sueños. Esto hace la Humanidad. Es como una caravana que desde hace muchos siglos arrastra un cargamento terrible de sueños. Todo es demasiado vago, casi irreal... No llegamos nunca. A veces me dan ganas de acabar.

JESCHOUA.   ¡Calla! No puedes decir eso. *(Otro silencio. MAN se echa en la tierra aburridamente.)*

MAN.   Está bien esto de tumbarse cara a las estrellas..., pero tengo frío. (JESCHOUA *le arropa.)* Así estoy mejor. «Il dolce far niente»...[3]. Un paso soñoliento hacia la eternidad... Otra vez tengo frío. No sé qué me pasa.

JESCHOUA.   *(Espantado.)* ¡Man! *(Este se vuelve hacia* JESCHOUA. *Se miran. Un silencio.)* Man, ¿qué tienes? ¡Tiemblas! Dime, ¿qué te pasa? *(Otro silencio. Con la mirada fija en* MAN, *lentamente.)* Man..., fíjate bien. Es necesario que me digas cómo fue tu vida.

---

[3] El dulce no hacer nada: El ocio agradable.

MAN. ¿Por qué?

JESCHOUA. *(Trémulo.)* Man..., es necesario.

MAN. No, dime...

JESCHOUA. *(Nervioso, intranquilo.)* No hay tiempo que perder. Dime, Man, ¿cómo fue tu vida? (MAN, *casi sin fuerza, se levanta y mira fijamente a* JESCHOUA.) No me mires de esa forma... Necesito que me hables de tu vida, Man. ¿Qué te extraña? (MAN *ha quedado de pie, inmóvil.)* No debes preguntarme nada... Empieza. Pronto, Man. ¿Es que no me oyes? *(Un silencio.* MAN *comienza a hablar con voz monótona, casi automáticamente.)*

MAN. Sí, debo hablar. Sé que debo hablar. *(Cara al público.)* Recuerdo a mis padres. Los recuerdo, Jeschoua. Eran buenos y, sin embargo, no llegaron nunca a comprenderme. *(Entran —cada uno por un lateral—* EL PADRE *y* LA MADRE, *y se reúnen en el centro.)*

LA MADRE. *(Inmóvil cara al público.)* Me llamé Laura. Nací en Labendorff[4]. En el norte conocí a Guillermo Kirschoff, y una mañana de julio se celebró la boda. Más tarde vino Man al mundo. Su nombre es Manfred, pero nosotros le llamábamos siempre Man. *(Una pausa.)* Mi esposo murió cuando Man tenía veinticinco años, y yo dos años después. Siempre hice mis labores. Esta es la vida de Laura Kirschoff. (MAN y JESCHOUA *están completamente inmóviles.* EL PADRE *comienza a hablar.)*

EL PADRE. Me llamé Guillermo Kirschoff... No quiero hablaros de mi vida. Sólo os diré que Laura fue muy buena conmigo, y que yo no daba importancia a esto. *(Con emoción.)* Luego he comprendido que Laura merecía mucho más de lo que yo pude darle. *(Un silencio.)* En realidad creo que Laura se aburría. ¡Bah! Yo no me fijaba demasiado en ella. *(Pensativo.)* A veces pienso que los hombres debíamos ser de otra forma... Sí, y también creo que debíamos comprender un poco más. *(Otro silencio.)* La aldea no era alegre y llovía durante casi

---

[4] Ciudad inexistente, que podría traducirse por *pueblo-vivienda.*

todo el año. Por eso —y por otras cosas— nos aburríamos. No es raro: mi vida consistió en sacar pedazos de carbón a la tierra, y terminó una tarde fría de diciembre cuando se acercaba la noche de Navidad. Desde entonces descanso en paz, como dicen los hombres. *(Va hacia su esposa y se abrazan llorando.* MAN, *conmovido, dice a* JESCHOUA *en tono falsamente ligero:)*

MAN.   ¿Ves? Son cosas... conmovedoras. A mí, al menos, me conmueven. *(Intenta sonreír.)* ¡Bah! *(Melancólico, con ganas de llorar viendo que sus padres han iniciado el mutis.)* Cuando vemos que nuestros padres se marchan para siempre... *(Mutis de los padres.)*

JESCHOUA.   Piensas que debe ser tremenda la causa de que existamos, ¿verdad?

MAN.   Sí, debe existir una razón..., una razón enorme. Porque aquí ocurren cosas tremendas.

JESCHOUA.   Continúa... Ya sabes que no debes perder tiempo.

MAN.   *(Cierra los ojos.)* Mi juventud.

JESCHOUA.   ¿La recuerdas?

MAN.   Demasiado bien. A los veinte años hice lo que todos. Intentaba ser feliz y no lo conseguía.

JESCHOUA.   ¿Y después?

MAN.   *(Amargamente.)* Luego... vino algo peor.

JESCHOUA.   ¿Qué?

MAN.   Algo trágico..., lo que siempre me atormenta. Es mi secreto.

JESCHOUA.   Man... debo saberlo. Puedes morir.

MAN.   ¿Morir? Sí, es fácil. No lo temo.

JESCHOUA.   Man. Tengo que saberlo todo. Todo.

MAN.   *(Comprende, y añade desalentado.)* Sí... ya lo comprendo. Es... como una confesión. Tú eres el cura, ¿no? El cura que me asiste en los últimos momentos.

JESCHOUA.   No. ¿Qué dices? No estás tan grave... Puedes vivir aún muchos años. Tienes mucha fiebre, pero eso nada quiere decir. *(Cada vez más nervioso.)* ¡Anda, anda, continúa!

Man. A los veintiocho años conocí a Frau[5]. *(Calla bruscamente.)*

Jeschoua. ¿Una mujer?

Man. Sí.

Jeschoua. ¿La amaste?

Man. Con toda mi alma..., y la maté. *(Un silencio hondo.)*

Jeschoua. *(Apenado.)* Man. ¿Es cierto eso?

Man. *(Dice que sí con la cabeza.)* Pero no te vayas. No me dejes solo ahora. Me moriría de terror...

Jeschoua. Calla, calla. Yo no puedo abandonarte.

Man. Verás. Una noche la encontré.

Jeschoua. ¿Dónde?

Man. En una ciudad.

Jeschoua. ¿Y cómo la conociste?

Man. ¡Oh, no puedes figurarte! En circunstancias sorprendentes. Era de noche. El puente estaba apenas iluminado. Sólo unas lámparas pequeñitas. Yo pasaba y me asomé al río. *(Ha entrado* Frau, *que se coloca en el centro mirando fijamente al suelo.)* De pronto vi algo. *(Mira a* Frau.) Me acerqué y vi que era una mujer. *(Con un estremecimiento.)* Miraba fijamente al río. Me asusté. Era casi la madrugada y a esa hora ninguna mujer se atrevía a estar en aquel sitio. Aquella mujer pensaba, sin duda, hacer algo terrible. Me acerqué. *(Se acerca.)* Ella no me oyó. Seguía mirando fijamente al agua. *(Un silencio. A* Frau, *aparentando tranquilidad.)* Yo que usted lo haría inmediatamente. Es mucho mejor. *(Ella no se vuelve. En tono ligero.)* Los preparativos... Vacilaciones, dudas... Todo eso es tan penoso. La angustia de un más allá que permanece indescifrable; una caída en el vacío... Sí, se trata de un salto muy confuso. Tan tenebroso que a veces detiene al más cobarde. *(Pausa breve.)* No se enfade conmigo. Créame que quisiera haberme equivocado. Por

---

[5] *Frau*, mujer, en alemán.

otra parte, soy capaz de comprender perfectamente una tragedia. *(Se miran. Ella, con desprecio, murmura:)*

FRAU.   Eres capaz, ¿eh? ¿Te crees capaz... de eso? *(Él la mira sorprendido.)* Qué, ¿no te das cuenta? Otros dicen: ¿Cuánto? *(Con desdén.)* ¿Tú eres distinto?

MAN.   No pensaba... *(Apenado.)* Tiene que perdonarme. *(Transición.)* Con qué crueldad *me hablas*. La vida ha sido cruel *contigo*. ¿Verdad? Pero, créemelo si quieres, no pensaba... Hay tantas tragedias que pueden abrumar a una pobre mujer, a una mujercita como tú. ¿No podías resistirlo? ¿Acaso... no podías resistirlo? ¿Tan penoso era? *(Ella le mira sin contestar.)* No quiero saber nada, ni siquiera necesito que hables... Sólo quiero que me escuches; es todo lo que pido de ti. Mira. Acabas de tirarte al río. *(Ella le mira con espanto.)* ¿Cómo te llamas?

FRAU.   *(Automáticamente.)*   Frau.

MAN.   *(Sonríe tristemente.)*   Frau..., acabas de tirarte al río. Ya no hay remedio. ¿Sabías que Satanás espera, en su oscuridad, a los suicidas? *(Sonríe.)* Yo te esperaba... Has caído en el círculo de mi infierno[6]. ¡Mi infierno, Frau! *(Se miran fijamente. La coge de un brazo con violencia.)* ¡Ya no podrás escaparte nunca! ¡Nunca! *(Silabea.)* Eternidad... ¿Sabes qué es eso? Un presente sin antes ni después. ¿Lo sabes? Sólo un presente. ¡El infierno, Frau, en él has caído! No, no te asustes... *(Un breve silencio.)* ¿Qué ves... dentro de mí? ¿Otro más? ¿Un hombre? ¿Sólo... eso?

FRAU.   No sé quién eres. ¿De dónde has venido?

MAN.   ¿A quién le importa? *(Con dulzura.)* Y tú, ¿vas a venir con exigencias?

FRAU.   Sin embargo, es preciso...

MAN.   Oh, una suicida no puede protestar. El infierno es... largas tardes de lluvia; y a veces no saber a dónde ir. Consolarnos de la melancolía en un viejo café bajo las doradas lámparas de luz de gas que ya nadie enciende...

---

[6] «El infierno es el otro, los otros.»

Y sentir a Europa dentro como una vieja canción...
Somos antiguos, Frau..., esa es toda nuestra profundidad.
Sin embargo, hay alquien en Europa que espera... Algunos hombres...

FRAU. *(Ásperamente.)* ¿Qué esperan?

MAN. No sabría decirte. *(Mira hacia el río.)* El agua del río, las viejas ciudades, las estrellas. Sí, todo eso es sencillo, se nos presenta claramente. Lo otro es más difícil... Imaginar un cielo, un Dios... Quién sabe. Algún día... o nunca. *Pero tú y yo estamos ahora aquí.* Ya es algo. Algo que sabemos, algo en lo que debemos creer para salvarnos. *(Pausa. Murmura.)* ¿Vienes? *(Ella se deja conducir.)* Mañana por la noche volveremos juntos. Si no hemos logrado el consuelo... *(Señala al río.)* Ahí estará la solución. ¡De cabeza!

FRAU. *(Cierra los ojos.)* ¿Mañana... volveremos?

MAN. *(Gravemente.)* Sí, Frau. Concédeme otro día. *(FRAU se echa a llorar. Se refugia en MAN, que acaricia sus cabellos.)* ¡Frau! ¡Frau! *(Transición. Susurra.)* ¿Qué querías hacer?... ¿Cómo has podido pensar esa locura? *(Ella queda inmóvil y MAN se separa. A JESCHOUA.)* Aquella mujer no se mató. Estaba destinada a ser otro de mis sueños. Lo de aquella noche no he podido comprenderlo bien. Ni siquiera sé por qué lo hice. Dos días más tarde, en una cervecería de aquel barrio, quiso contarme la historia de su vida. Las de su clase suelen tener una historia bastante mediocre: nada de piruetas románticas... En aquel momento hubiera sido desagradable oírla. Además, llegué al convencimiento de que sólo me importaba ella... en aquel instante. Ya sabes lo que esto significa: estaba enamorado. Sí, no debe sorprenderte. Ella abominó de todo su pasado y unos meses después se convirtió para mí en algo imprescindible. Como ves, casi no me di cuenta de que una mujer había entrado en mi vida, y ya no había remedio. Nos fuimos a París. Yo quería que Frau experimentara la emoción europea. Pero allí la suerte nos fue poco propicia. Faltó el dinero y sufrimos privaciones. Una noche ella desapareció. *(Agitado.)* Una voz servicial me dio su pista. Frau se había marchado a Londres. Con el último dinero atravesé el canal. En Londres me sentí abrumado por la ciudad. *(Calla bruscamente.)*

JESCHOUA. ¿Qué pasó luego?

MAN. *(Con un estremecimiento.)* No sé por qué fui a la orilla del Támesis. No lo sé. Allí, junto al puente, estaba ella... como entonces. Había niebla y de pronto nos miramos con asombro. ¡Estaba allí! Nos habíamos sorprendido mirando hacia abajo..., hacia el agua, ¿entiendes? Y nos pareció que el tiempo no había pasado. Sentimos angustia, algo... que nos oprimía, que no nos dejaba respirar. Ella se echó a llorar de pronto. No supe qué hacer. Nunca como entonces me había parecido el tiempo una mentira... Recordé a Ivan Goll. «La verdadera vida corre bajo los puentes.» Yo lo recordé en aquel momento. *(Vuelve junto a FRAU. Con voz insegura.)* «La verdadera vida corre bajo los puentes. Nosotros, los que pasamos, lo comprendemos demasiado tarde. Nosotros llevamos nuestras penas de una a otra orilla: de la una a la otra. ¡Oh! Padre nuestro: danos el pan de cada día para no reventar de aburrimiento»[7].

FRAU. *(Se vuelve.)* ¡Vámonos de aquí!

MAN. *(Se separa de ella.)* Comprendí que tenía miedo. Me llevó a una casa de Whitechapel[8], donde había alquilado una habitación. *(Trémulo.)* Aquella noche la maté. *(Una pausa larga. Con voz casi lúgubre.)* Encendimos algo de fuego en la chimenea y a la luz de la lumbre su

---

[7] Poeta y poema comentados por Enrique Gómez Carrillo en *La Nueva Literatura Francesa. Poesía, Novela, Teatro, Prensa,* Madrid, Mundo Latino, 1927, págs. 43-44. Ivan Goll, nacido en Estrasburgo, simbolista, compañero de Soupault, Marcel Arland, Tristán Tzara y Blaise Cendrars, se inspiraba en los problemas políticos que amenazan al mundo: *Canal de Panamá, Réquiem por los muertos de Europa.* El poema del fragmento que cita Sastre se titula *Primavera en Londres.*

[8] *Whitechapel:* Distrito de Londres al Este de la *City.*

rostro me pareció raro como nunca. (*A* FRAU, *roncamente.*) Puedes empezar cuando quieras. Todo tiene una explicación. Te escucho... (*Como ella no habla,* MANFRED *continúa:*) Has de saber que en nada ha disminuido mi afecto, aquel amor que nació en la cordialidad de todos nuestros días... Sólo quiero saber qué te ha ocurrido, qué has hecho en ese tiempo.

FRAU. (*Tiembla.*) Hay algo que tú no sabes, Manfred.

MAN. Muchas cosas. De ti, ¿qué es lo que conozco? Apenas tu nombre. Nunca quise... Sólo me extraña, ahora, que hayas podido llegar hasta aquí. (*La mira fijamente.*) ¿Quién te ha dado el dinero para llegar hasta Londres? Y, además...

FRAU. ¡Manfred! No he venido sola. Alguien vino conmigo... desde París.

MAN. ¿Quién?

FRAU. (*Inclina la cabeza sobre el pecho.*) Alguien... que ahora me ha abandonado.

MAN. ¡Frau! ¿Es cierto eso? ¿Has sido capaz...?

FRAU. No sé lo que hay en nosotras... Algo repugnante que no acabo de comprender. De pronto vuelve a surgir aquélla, la que éramos. Todo aquel encanto perverso... Sí, llegamos a añorar la porquería en que nos revolcábamos. Hay una red inmensa. Nos atrapa... No es posible escapar. (*Le mira, y el rostro de* FRAU *se ensombrece.*) ¿Qué te pasa? Manfred... Ahora debo irme. (*Intenta huir.*)

MAN. No. Tú no te vas. (*Con los ojos muy abiertos.*) Cuenta. Tienes que contármelo todo. Todo.

FRAU. (*Espantada.*) ¿Qué te pasa, Manfred?

MAN. Cuenta, ¿quieres? Debe ser divertido. (*Entre dientes.*) Suciamente divertido.

FRAU. ¡Manfred, cállate!

MAN. ¡No, cuenta, cuenta! Soy yo quien te lo pide. ¿No lo oyes? Es mi voluntad.

FRAU. No, Manfred, deja que me vaya.

MAN. *(La coge brutalmente por una muñeca.)* Cuenta, imbécil.

FRAU. Estás loco.

MAN. Cuenta, imbécil. *(Un silencio espantoso.)*

FRAU. *(Aterrada.)* Ya sabes... debes comprenderme... *(Horrorizada, con el rostro oculto entre las manos.)* No lo conocía...

MAN. ¡Sigue, imbécil! No lo conocías... ¿Cómo fue? Di, ¿cómo ocurrió?

FRAU. *(Con espanto.)* No..., no lo conocía, Manfred.

MAN. ¡Bonita historia! ¿Es que no sabes decir más que eso?

FRAU. Calla, Manfred... Me haces mucho daño...

MAN. Pues sigue. ¿O es que no quieres?

FRAU. Te habías ido de casa... no sé adónde. A buscar trabajo en no sé qué periódico. Yo me había quedado sola. No me gustaba estar sola en aquella habitación tan vieja, tan triste. *(MAN ha quedado inmóvil, fijo en ella.)* Bajé al bar de enfrente. Me senté. En el espejo me di cuenta de lo fea que estaba. *(Esquiva la mirada de MANFRED. Éste, frío ahora, imperturbable, sigue mirándola acusadoramente, implacablemente.)* Saqué la barra de los labios, el espejito... Qué roto, qué sucio estaba su bolso. La falda... crucé las piernas. Me pareció que no te había conocido. Ni pensé en ti. Me pinté los labios mucho, mucho. Era otra. Aquella... *(Apenas puede continuar.)* Los hombres me querían... Siempre me han querido. Me admiraban. Las piernas, el...; sí, todo lo que tú no habías visto o no habías querido ver. *(Con un sollozo.)* ¡Manfred!, ¿por qué me obligas a toda esta vergüenza? Manfred... *(Él no contesta. Ella le mira entre las lágrimas, y casi sin voz añade:)* Se acercó un hombre, un...; sí, un hombre. Me dijo que... *(Cierra los ojos.)* Una cosa, y... yo no pude... no podía... *(MAN, en silencio, ha cogido el atizador de la chimenea y lo ha levantado sobre su cabeza. FRAU hace un gesto de espanto y da un grito horrible. Luego se va en silencio.*

MAN, *desalentado, arroja el hierro y, con los ojos llenos de lágrimas, dice a* JESCHOUA:)

MAN.   Se cumplió una vez más lo que dijo un infeliz..., un pobre infeliz. «En la vida todos matan lo que aman.»[9] Por otra parte, yo era el único dueño de su vida. La había salvado una vez.

JESCHOUA.   (*Con serenidad.*)   ¿Y luego?

MAN.   Fui... un fracasado. Mi vida ya no tenía solución. Estaba perdido sin remedio. Volví a París. (*Se oprime la cabeza con ambas manos.*) ¡Tenía aquí, aquí dentro, el último grito de Frau... y su gesto... su último gesto! La policía me persiguió..., pero luego se cansó de buscarme. (*Han entrado silenciosamente* VARIOS ESPIRITISTAS *y el* MÉDIUM. *Se sientan alrededor del velador en la actitud que adoptan los espiritistas. El* MÉDIUM, *que es una joven delgada y pálida, pone ambas manos sobre el velador y los demás permanecen inmóviles. Sigue mientras tanto la acción.*) Supongo que ahora comprenderás toda mi tragedia... y mis terrores.

JESCHOUA.   (*Con dulzura.*)   Te comprendo, Manfred.

MAN.   Desde aquel día he andado mucho... y he visto un camino, y otro, y otro...; pero nunca sé por dónde voy. (*Vuelve a tenderse en el suelo.*)

JESCHOUA.   ¿Continúas?

MAN.   No.

JESCHOUA.   ¿No tienes otra cosa que contarme?

MAN.   ¡Nada!

JESCHOUA.   ¿Te aburres? (MAN *asiente como un autómata.*) Pero de aquello... te arrepentiste, ¿verdad?

MAN.   ¿De qué?

JESCHOUA.   Si Frau resucitara, ¿volverías a matarla?

MAN.   No. Creo... creo que no.

JESCHOUA.   ¿La perdonarías?

---

[9] Oscar Wilde, en *The Ballad of Reading Gaol*, 1,7: «Yet each man *kills the thing he loves,* / By each let this be heard, / Some do it with a bitter look, / Some with a flattering word. / The coward does it with a kiss, / The brave man with a sword!»

MAN. Supongo que sí. Aunque quizás... *(No continúa.)*

JESCHOUA. *(Le toca la frente.)* ¡Cuánta fiebre tienes, Manfred!

MAN. Sí... y apenas puedo respirar. ¿Crees que estoy muy grave?

JESCHOUA. *(Con dulzura.)* Calla... debes dormir. Inténtalo.

MAN. *(Tendido, con los ojos cerrados.)* Jeschoua..., siempre he estado solo.

JESCHOUA. Calla..., duerme.

MAN. Jeschoua..., nunca he comprendido las cosas.

JESCHOUA. Cállate..., descansa. Es necesario que descanses.

MAN. *(Inmóvil.)* Jeschoua, ¿estoy solo?

JESCHOUA. *(Se levanta. Un silencio. Las palabras de* JESCHOUA *suenan ahora hondas, trascendentales, en un silencio absoluto.)* En verdad, en verdad te digo que esta noche no has estado solo, Manfred. Mira. Ya empieza a amanecer. *(En efecto, se ven las primeras luces del día.* JESCHOUA *mira por última vez a* MANFRED *y se va en silencio. Entran* LOS DOS HOMBRES INDIFERENTES, *que al pasar ven el cuerpo de* MAN. *Se acercan y lo remueven con los pies. Hacen un gesto de disgusto, se miran preocupados y luego se van rápidamente.* MAN, *con un esfuerzo penoso, se incorpora. Se toca las sienes. Quiere recordar. Mira al cielo.)*

MAN. «En verdad, en verdad te digo...» *(Con sorpresa.)* ¡En verdad, en verdad te digo! ¿Quién ha hablado así? *(Grita.)* ¡Él! ¡Jeschoua! *(Lo busca con la mirada.)* «¡En verdad, en verdad te digo!» ¡No es posible! *(Grita.)* ¡Jeschoua! ¡Jeschoua! ¿Dónde estás? ¿Por qué te has ido? ¡Ven! *(Como alucinado.)* ¡Dios santo! Mis ojos se quedaron allá... en mi armario de luna. Se quedaron dentro como arañas. Me he venido sin ellos. *(Avanza con los ojos cerrados.)* Sábanas para mi muerte..., para empaparlas con el sudor de mi calentura. ¡El termómetro estalla! *(Se lleva la mano al corazón.)* ¡Imbécil! Cállate ya.

Madre..., madre... *(Entra* LA MADRE, *sonriente, y se acerca a él.)* ¡Te la has llevado..., madre!

LA MADRE. ¿Qué, hijito? ¿Qué me he llevado yo?

MAN. Mi alcoba... La lamparilla roja en el aceite... El Cristo sangrando sobre mi cabeza. ¡Lo necesito todo... para morir! *(Mira hacia arriba y se tapa los ojos.)* ¿Lo ves? Es sangre... El Cristo de mi cabecera está sangrando... *(Tiende las manos al paraguas que dejó* JESCHOUA. *No consigue moverse. Entra* EL PADRE *y coge el paraguas.)*

EL PADRE. *(A* LA MADRE.) Está lloviendo, Laura.

LA MADRE. Sí, Guillermo. (EL PADRE *abre el paraguas y ambos se van en silencio.)*

MAN. *(Los ve marcharse.)* No... Quiero ver, quiero... todavía... ¡Jeschoua! ¡Vuelve! ¡Estoy solo! ¡Jeschoua! ¡Jeschoua! *(Intenta buscarlo con la mirada, pero apenas ve ya y se frota los ojos. Con paso vacilante, va hacia el tablero de ajedrez y se sienta. Entonces mira frente a sí, con espanto.)* ¿Eh? ¿Quién eres tú? *(Intenta sonreír.)* Sí, ya comprendo. ¿Quieres jugar, eh? ¿Tú las negras? ¡Bueno! *(Bruscamente juega una invisible pieza.)* ¡Toma! ¿Qué me dices a eso? *(Abre los ojos sorprendido.)* ¿Eh? Veo que sabes lo que es jugar..., pero, mira. *(Juega otra pieza. Sonríe.)* ¿Qué te parece? *(Calla espantado.)* No, no es posible. ¿Qué haces? *(Nervioso, mueve sus piezas.)* No, nunca me has ganado y ahora tampoco me ganarás. Mira. *(Mueve.)* ¿Eh? *(Con terror.)* ¡Me he equivocado! ¿Qué dices? ¡No! *(Juega.)* ¿Ves? *(Hace un gesto con terror.)* ¡No, no es posible! ¡No es posible! *(Solloza.)* He jugado mal, he jugado mal... *(Juega aún.)* ¡Esta! *(Se seca el sudor de la frente e intenta tragar saliva.)* ¡Estoy perdido! *(Juega aún, pero ya débilmente.)* ¡Completamente perdido! ¿Te ríes? *(Un silencio.* MAN *se estremece y murmura con voz lúgubre.)* Está bien. Has ganado. *(Se levanta. Anda lentamente, pero con paso seguro. Se despoja de su chaqueta y la tira al suelo. Se acerca a la mesa de los espiritistas y da tres golpes con los nudillos en el velador. Los espiritistas se miran asombrados. Entonces* MAN *hace mutis, silbando y con las manos en los bolsillos del pantalón, por el sitio que utilizó* JESCHOUA *para salir. Entran* LOS DOS HOMBRES INDIFERENTES. *Llevan uno un pico y el otro una pala. El* HOMBRE 1.° *señala al otro la chaqueta y ambos cambian una seña indefinible. Luego, entre los dos, cogen la chaqueta y hacen mutis por el sitio contrario. Los espiritistas han quedado inmóviles en postura de asombro.)*

TELÓN

Antecedentes aparte, *Cargamento de sueños* fue el primer brote *sincrónico* de teatro existencialista nacido en España.

Cargamento es palabra prosaica y nos sorprende que su contenido sean *sueños,* los sueños como lastre y obstáculo para conocer la verdad.

La agonía del Hombre —Man, Manfred— aún está débilmente *religada* al consuelo de un desconocido, Jeschoua, que acaso sea otro sueño, como el Hombre mismo, la Mujer —Frau— o el Tiempo. En el escenario, a su alrededor, hay todavía escorias de sueños que le confunden o ciegan y, a la par, le acompañan: la encrucijada (¿es ya posible?), el poste que señaliza la Eternidad —Ewigkeit— (ininteligible), las esfinges (enigmas de la nada), el atizador de la chimenea (el pecado), la luz del farol (hermana de sombras) y la de la luna (que dora sueños y falsea la verdad).

El resto —velador de los espiritistas, tablero de ajedrez— es, para entendernos, «teatro», o representación por objeto interpuesto, lo cual no sólo es lícito, sino atractivo.

Man es un «ser para la muerte», abrazado a su angustia, que indaga la existencia y no la entiende y no puede elegir: su muerte es necesaria. Y, en ese trance, le quedan sólo las *imágenes,* clave de su paso —los padres, la mujer— que, como las esfinges —ahora como antes—, le sugieren enigmas. Este hombre agónico ha estado buscando «entre mil caminos el Camino» y aún no sabe si él es un sueño, una pasión sin objeto o un error del espacio.

Su historia, según se mire, es extraordinaria o vulgar, y hasta habrá quien crea que es folletinesca: impide el suicidio de una prostituta y se une, por amor, a ella. Pero esa redención no le lleva a morir en la cruz, sino a matar, y no metafóricamente, «con una mirada amarga, una lisonja o un beso», sino con la espada, como los valientes o —lo que es lo mismo—, un atizador de chimenea, porque «each man kills the thing he loves». Y ahora va a morir él. ¿Quién es Jeschoua? ¿Yehoshua? ¿Jesús? ¿Será redimido Man, redentor y asesino?

Cargamento de sueños es un retablo de escenas y dos alas, elemental, alegórico: delirio y recuerdos («confesión» a Jeschoua); agonía —lucha— y muerte (juego de ajedrez y golpes en el velador) y entierro (los hombres indiferentes del pico y la pala).

Cinco años después de esta obra, en otra planicie desolada del mundo, aparecerían dos personajes memorables, *Lucky* y *Pozzo;* de forma en apariencia más trivial y desligados de todo —pero con esperanza en *Godot*—, darían voz a un teatro ontológico que, de algún modo, siempre me recuerda esta pieza inicial de Alfonso Sastre.

Medardo Fraile

El hermano

Drama estrenado el 9 de enero de 1948 en el teatro del Instituto «Ramiro de Maeztu», de Madrid, con el siguiente

REPARTO

LA MADRE:	Consuelo Marugán
EL PADRE:	Ricardo Pérez Martín
LA HIJA:	María Luisa Romero
EL HERMANO:	Alfonso Paso
UNA NIÑA:	Juanita Paso

Voces de Hombre y Mujer.

Izquierda y derecha del espectador.

(Habitación humildísima. Al foro, en el centro, una ventana abierta al patio, como un boquete grande, con boceras de goznes y polvo. Forillo de ventanas pequeñas, abigarradas, algunas iluminadas débilmente. Al foro derecha, un aparador de dos cuerpos, descolorido y pobre. Un botijo encima, sobre un plato. Cama turca bajo la ventana. Sobre la cama, colcha pálida con varias piezas de color parecido. Mesa camilla con hule. Una percha de pared. Colgados en ella, una americana y un chaleco. Cuatro sillas distintas entre sí. Puerta de calle, con fuerte cerrojo, al foro izquierda. Puerta lateral derecha.

Sentado a la mesa, leyendo un periódico, el padre, en mangas de camisa. Sentado en la cama, liando un cigarro, el hijo.)

EL PADRE. *(Silba distraído mirando el periódico. Calla. Se detiene en un título.)* ¿Has leído esto?

PEDRO. *(Enciende el pitillo y se echa, indiferente, en la cama.)* No.

(Por la puerta de la derecha sale LA MADRE *con cuatro platos. Sobre ellos, tenedores, dos cuchillos, pan, etc. Coloca todo, en silencio, sobre la mesa y sale.)*

EL PADRE. ¡Esta luz!... *(Se coloca para ver mejor. Pausa larga.)* ¡Buen barullo hay...!, ¿eh? ¿Qué te parece?

PEDRO. Nada.

EL PADRE. ¿No te parece nada todo esto?

PEDRO. No sé, padre. No he leído el periódico.

(Pausa. Sale LA MADRE. *Deja un vaso sobre la mesa. Coge el botijo del aparador y marcha a llenarlo por la puerta del piso, que dejará abierta.)*

EL PADRE.   Ya parece que se tarda Lucía... ¿Qué hora es? Mira a ver qué hora es...

PEDRO.   Serán las nueve y media.

EL PADRE.   Dame el reloj.

PEDRO.   Luego te lo daré, padre. Ahora estoy cansado.

EL PADRE.   ¡Con tal de que no te quedes dormido, sin cenar, como anoche! *(Pausa.)* Se ve que escribe bien este hombre, ¿eh? ¿Sabes quién te digo?...

PEDRO.   ¿Quién?

EL PADRE.   Este que escribe aquí, en esta parte.

PEDRO.   *(Distraído.)*   ¡Ah! Sí...

EL PADRE.   Tiene mucha razón... ¿Dónde ha ido tu madre? ¡Ana!

PEDRO.   Ha ido por agua.

EL PADRE.   Estará hablando con alguien, como siempre. *(Alzando la voz.)* ¡¿No cenamos hoy?!

PEDRO.   No des voces, padre. ¡Si no te va a oír!

EL PADRE.   Siempre tenemos que esperar... *(Deja el periódico sobre los platos. Saca petaca y papel. Se vuelve hacia el hijo, liando un cigarro.)* ¿Sabes lo que hay de cena?

PEDRO.   No.

EL PADRE.   Tienes mala cara. ¿Has trabajado mucho hoy?

PEDRO.   Sí; mucho.

EL PADRE.   ¿Y Lucía? ¿Es que sale más tarde ahora?

PEDRO.   No creo. Ya debía de estar aquí.

EL PADRE.   ¿Tiene novio... por fin?

PEDRO.   No sé, padre... No tardará.

LA MADRE.   *(Entra con el botijo y lo pone sobre el aparador. Deja la puerta abierta.)*   He estado esperando a Lucía en la puerta. Vamos a cenar nosotros. Ya no puede tardar. *(Inicia el mutis por la derecha.)*

EL PADRE.   Ana... Cierra esa puerta, mujer, que hay corriente y se va a quedar frío el chico...

LA MADRE.   *(Volviendo.)* ¡Vaya! ¿No te puedes tú levantar a cerrarla?

EL PADRE. Ciérrala tú que estás de pie...

LA MADRE. *(Cerrando.)* ¡Ya está! ¡Cualquiera diría que cuesta tanto trabajo! *(Mutis por la derecha.)*

EL PADRE. *(A* PEDRO.*)* Tú..., no te duermas.

PEDRO. *(Incorporándose, para quedar sentado en la cama.)* No estoy dormido, padre.

LA MADRE. *(Entra con una sopera que despide humo. La dejará en el centro de la mesa. Sale y vuelve con un cazo repartidor. Coge el botijo y lo pone en el suelo, al lado de la mesa. Arrima a ésta tres sillas.)* Vamos, hijo; que esta noche tenemos sopa, y eso te gusta...

PEDRO. No tengo mucha gana. Me gustaría más acostarme.

LA MADRE. *(Pasándole una mano por la frente.)* ¿Estás malo? Parece que calientas un poco.

PEDRO. No. Me encuentro bien.

(LA MADRE *se sienta, después de haber servido la sopa.* PEDRO *no se ha levantado aún para ir a la mesa. En la puerta del piso suena un llavín. Entra* LUCÍA, *sin saludar ni dar las buenas noches. Atraviesa la escena; sale por la puerta derecha y entra de nuevo, sin bolso ni abrigo. Es una muchacha sencilla, vestida con sencillez. Al aparecer* LUCÍA, PEDRO *se incorpora y la observa con preocupación mal disimulada. Cuando pasa, ocupa su sitio junto a la mesa.)*

EL PADRE. ¡Buenas noches, hija! ¿Ya no sabes dar las buenas noches?

LUCÍA. No me he dado cuenta, papá... Hola, buenas noches.

EL PADRE. ¡Vamos! ¿Qué haces ahí? ¿No te gusta la cena?

LUCÍA. ¡Claro que sí! Es que me extraña no haber dicho nada al entrar. Juraría haber dado las buenas noches. *(Se sienta.)*

LA MADRE.   (*Sirviéndola.*)   ¿Vienes ahora de la tienda?

LUCÍA.   Sí; es un poco tarde. Pero al salir me encontré con Rosario y se nos ha pasado el tiempo charlando, sin darnos cuenta. Hemos venido andando, dando un paseo.

LA MADRE.   Hace todavía frío de noche para andar por ahí.

LUCÍA.   Hoy, no, mamá. Hace una noche de verano.

EL PADRE.   Lleva razón tu madre.

LUCÍA.   Pero ya sabéis que llevo el abrigo.

PEDRO.   Hay que venir antes, hermana. A este paso, otro día llegarás con el portal cerrado.

LUCÍA.   (*Apenada.*)   Vais a hacerme llorar entre todos.

EL PADRE.   ¿Por eso vas a llorar? Anda, anda, come. Que no te vea yo esa cara.

LA MADRE.   ¿Te ha pasado algo?

LUCÍA.   Nada, mamá.

PEDRO.   (*Cortando.*)   ¿Qué le va a pasar? Parece que todavía no la conocéis... Todas las mujeres son lo mismo.

EL PADRE.   (*Divertido.*)   Es verdad, hijo. Lloran por una cosa que han hecho mal, y luego dicen que las han hecho llorar los demás. ¿Eh, Lucía...?

(LUCÍA *sonríe pálidamente.*)

LA MADRE.   No hagas caso a tu padre. Échale agua a tu hermana. Pedro. (PEDRO *coge el botijo del suelo y echa agua en el único vaso de la mesa, luego bebe él en el botijo.*) ¿Quieres más, hijo? Anda, Antonio; ¡un poco más de sopa!

EL PADRE.   Trae para acá. (*Se sirve un poco más.*)

PEDRO.   Yo no quiero más. Tú, Lucía, que te has servido poco.

LUCÍA.   No, no. Tengo bastante.

(LA MADRE *sale, llevándose la sopera.*)

El Padre.   ¿Y qué cuenta Rosario? ¿Qué tal está su madre?

Lucía.   Dice que está un poco mejor.

El Padre.   ¡Mala cosa es el reuma!

Pedro.   Hace mucho que no viene por aquí Rosario, ¿verdad?

Lucía.   Eso la he dicho yo. Dice que no tiene tiempo para nada y que quiere venir un día a vernos. Verdaderamente, la madre no está para dejarla sola.

El Padre.   Ya se casará pronto, ¿no?

Lucía.   No sé.

Pedro.   ¿No te ha dicho nada?

Lucía.   Sí. Que por ahora no piensa hacerlo. Que está la vida muy cara.

El Padre.   Si quiere a su novio, que se case. La vida va a estar cara mucho tiempo. Y cuando empiece a estar bien habrá otra guerra y será lo mismo.

Pedro.   ¡No estaría mal una guerra que acabara con tanta gente inútil!

Lucía.   ¡Calla, Pedro! No sé por qué dices eso.

Pedro.   ¿No sabes por qué digo eso...?

(*Entra* La Madre *con un plato de verdura. Lo coloca en la mesa, mientras el padre bebe agua en el botijo. Comienza a servir.*)

La Madre.   (*Sirviendo al* Padre.)   Ya sé que no te gusta mucho, Antonio. Pero, hijo, cada día estoy más desesperada. Todo está por las nubes. Yo no sé dónde vamos a parar...

El Padre.   Has podido comprar cualquier otra cosa, mujer.

La Madre.   Sí; tú lo arreglas todo en seguida. Cualquier otra cosa te cuesta un dineral.

El Padre.   Bueno, es lo mismo... No; no me eches tanto... Así...

(Al sentarse LA MADRE, *se oye el portazo del postigo de una ventana en el patio. Se oye, cerca unas veces, casi perdida otras, una voz angustiosa de mujer. Luego, una voz bronca, aullido más bien, de hombre.)*

VOZ DE MUJER.   ¡Y ahora te vas a dormir a la calle! ¡Fuera de aquí, gandul, borracho!

(Todos se quedan escuchando.)

EL PADRE.   Es la vecina de arriba.

LA MADRE.   ¡Lo que tiene que aguantar esa mujer! Ya habrá venido el marido como siempre.

VOZ DE MUJER.   ¡No te quiero ver...! ¡No quiero verte más...! ¡Sinvergüenza!

VOZ DE HOMBRE.   ¡Cállate! ¡Cállate! ¡Esta es mi casa!

LUCÍA.   ¡Dios mío! ¡Qué asco!

VOZ DE MUJER.   ¡Eso! ¡Luego no tienes dinero! ¡Cómo vas a tener! ¡Claro! ¡A ti no te importa! ¡Como tienes el cuerpo lleno de asco! ¡Como has estado con los amigotes bebiendo vinazo!

VOZ DE HOMBRE.   ¡Eso es mentira...!

VOZ DE MUJER.   ¡Anda! ¡Que te vea tu hijo! ¡Anda! ¡Pasa a que te vea!

VOZ DE HOMBRE.   ¡Maldita sea...! *(Termina la frase con un gemido de vómito.)*

VOZ DE MUJER.   ¡Si no puedes moverte! ¡Te voy a matar esta noche! ¡Te voy a matar! ¡Tú quieres matarnos a los dos, a tu hijo y a mí, pero yo voy a acabar contigo!

(Se oye el ruido de un cacharro estrellado contra el suelo. Suena persistente una tos bronca, ahogada. Se escuchan entre sollozos lamentaciones de la mujer. Suena el mismo portazo que se escuchó al principio, y se percibe la voz de ella que va apartándose.)

PEDRO.   ¡No sé cómo no explotan! *(Va hacia la ventana.)* Así no se puede vivir. *(La cierra.)* ¡A ver si ya no oímos nada más en toda la vida! *(Vuelve a sentarse.)*

EL PADRE.   ¡Es una calamidad de hombre!

LA MADRE.   ¡Qué pena, Señor, dar con un hombre así!

LUCÍA.   ¡Qué nerviosa estoy! Échame agua, mamá.

PEDRO.   *(Brusco.)* ¿No puedes tú echártela?

LUCÍA.   ¡Hijo! ¡Cómo estás hoy!

EL PADRE.   Bebe un poco. Todos los días te bebes tres o cuatro vasos comiendo... No es bueno tanta agua...

LA MADRE.   Siempre le ha pasado lo mismo: no es de ahora... ¿Te acuerdas, Antonio? Cuando era pequeña, le decíamos que se iba a volver una ranita, y empezaba a llorar.

EL PADRE.   Lo mismo que ahora... Llora por nada... *(Pausa.)*

PEDRO.   Hace un momento no lloraba por eso.

LUCÍA.   *(Dolida; haciendo un esfuerzo.)* Porque habéis dicho que no llegara tarde. Y yo no he tenido la culpa de llegar tarde.

PEDRO.   *(Serio.)* Por eso ha sido, hermana. No llores otra vez...

EL PADRE.   *(Bonachón, sonriéndose.)* ¡Qué tontísima es esta chica!

LA MADRE.   *(Que ha estado pendiente de todos.)* No, Antonio; a Lucía le pasa algo.

LUCÍA.   ¡Qué me va a pasar, mamá!

LA MADRE.   A ti te pasa algo y no quieres decirlo.

LUCÍA.   ¡Que no me pasa nada!

EL PADRE.   Serán los nervios, mujer.

LA MADRE.   ¿Lo sabes tú, Pedro? Sí; tú lo sabes.

PEDRO.   No creo que le pase nada. ¡Ella lo sabrá!

LA MADRE.   Si no te ocurre nada, ¿por qué tienes esa cara?

LUCÍA.   ¿Qué cara tengo?

LA MADRE.   ¿A qué vienen esas ganas de llorar?

(LUCÍA *no puede contestar.* PEDRO, *reconcentrado, como distraído, interviene.*)

PEDRO.   No pasa nada, madre. (LUCÍA *comienza a llorar dulcemente, con honda pena.*) Que Lucía cree que ya no la quiero. Y no solamente yo; tampoco vosotros la queréis mucho, desde hace unos días... Manías... Esta mañana se le ha ocurrido decírmelo...

LA MADRE.   ¿Que no te queremos, hija?

EL PADRE.   (*Sorprendido; en broma.*) ¡Hombre! Pues es verdad: no te queremos... Vamos: deja de llorar. ¡Quién demonio te habrá metido esa idea en la cabeza!

LA MADRE.   (*Levantándose; acariciando el pelo y la frente de su hija.*) ¡Hija! ¡Pero qué tonta eres! Anda... Anda... Anda... Deja de llorar. Dame un beso. Otro. Así. ¡Mira que decir que no te queremos! ¡Mira que decir que no te quiere tu hermano! (*Recoge cucharas y tenedores sobre el plato de la verdura para llevárselos.*) ¡Señor! ¡Señor! ¡Al diablo se le ocurre! (*Mutis derecha.*)

PEDRO.   (*A* LUCÍA.) Yo vengo cansado de trabajar, ya lo sabes tú. A lo mejor, no tengo ganas de broma. Porque no me ría o no conteste a cualquier pregunta que me hagas, no te voy a dejar de querer. Compréndelo, hermana.

EL PADRE.   ¡Si tuvieras uno de esos padres que pegan a sus hijos..., que no les dejan respirar...! Yo, vamos, creo que no te puedes quejar, hija mía.

(*Entra* LA MADRE *y coloca sobre la mesa un frutero con naranjas.* EL PADRE *coge una y saca del bolsillo una navaja.* PEDRO *coge otra, que mondará con el cuchillo.*)

LA MADRE.   Qué, ¿se te ha pasado ya?

LUCÍA.   (*Sollozando aún.*) Sí.

LA MADRE.   Anda. Cómete esta naranja. (*Ofreciéndole una.*)

LUCÍA.   No, mamá. No quiero más.

LA MADRE. Vamos..., ¿quieres que te la monde yo? Verás cómo así te la comes...

EL PADRE. No quiero que dejes de comer por tonterías. No están los tiempos para bobadas... *(Pausa larga.)*

PEDRO. Ahora, Lucía, cuando acabemos de cenar, jugamos a las cartas, ¿te parece bien?

LUCÍA. *(Algo inquieta.)* No, no, Pedro.

PEDRO. ¿Por qué no quieres jugar?

LUCÍA. Es que me duele un poco la cabeza. Me voy a acostar.

PEDRO. No te acuestes. Esta noche me vas a ganar la partida. Te voy a dejar que me ganes para que veas que te quiero.

LUCÍA. *(Nerviosa.)* No, no, Pedro.

EL PADRE. ¿Le tienes miedo a tu hermano?

LUCÍA. No, papá. Es que me duele la cabeza.

LA MADRE. Déjala que se acueste, Pedro. Tú también tienes sueño. Hace un momento decías que no querías cenar por acostarte y ahora quieres jugar a las cartas.

PEDRO. Sólo una partida, ¿quieres?

LUCÍA. Que no...

PEDRO. *(Serio, insinuante.)* Te tienes que quedar conmigo.

LUCÍA. Pero... ¿para qué? Me duele mucho la cabeza... *(Accediendo, preocupada.)* Bueno, pero sólo un momento...

PEDRO. Sólo una partida te he dicho...

LA MADRE. ¡Vaya! Por fin lo has conseguido.

(EL PADRE *saca la petaca y se da cuenta de que no tiene tabaco. La vuelve a guardar, mientras dice a su hijo.)*

EL PADRE. ¿Tienes tú tabaco? (PEDRO *saca la petaca y se la ofrece. Lían, ambos, un cigarro.)* Lucía, acércate abajo a ver si don Alfonso tiene el periódico. Llévale ése por si quiere leerlo.

LUCÍA. Me ha dado frío ahora.

LA MADRE. No bajes. No sé para qué tiene que bajar la chica. Llama a Juanita por la ventana y que lo suba ella. *(Comienza a recoger despacio la mesa.)*

PEDRO. ¿Vais a abrir la ventana otra vez? ¡Siempre están las ventanas abiertas! A la gente de esta casa, con tal de enterarse de todo lo que está pasando, no le importa morirse de frío.

EL PADRE. Anda, llama a Juanita.

LUCÍA. *(Abriendo la ventana.)* ¡Juanita! ¡Juanita!

VOZ DE NIÑA. ¿Qué?

LUCÍA. ¡Juanita! Soy yo, Lucía. ¿Ha leído tu papá el periódico?

VOZ DE NIÑA. No sé; voy a ver.

EL PADRE. ¿Qué dice?

LUCÍA. Que va a ver si lo ha leído. *(Pausa.)*

VOZ DE NIÑA. Oye. Dice que sí.

LUCÍA. ¿No te importa subirlo, guapa?

VOZ DE NIÑA. No. Ahora mismo lo subo.

LUCÍA. Gracias, guapina. *(Al Padre.)* Sí; ahora lo trae.

> *(LA MADRE sale, llevándose las cosas de la mesa. EL PADRE se levanta con pereza y se dirige al chaleco colgado en la percha. Saca de él un reloj de bolsillo para darle cuerda, último rito del día. Se oye el bisbiseo del reloj.)*

EL PADRE. Son las diez y cuarto.

> *(Deja el reloj en el chaleco, se pone sobre los hombros la americana y queda esperando la llegada de JUANITA en la ventana, de espaldas, fumando. LUCÍA va a sacar la baraja de un cajón del aparador. Antes de hacerlo dice a su hermano:)*

LucíA.   Es muy tarde, Pedro. Mañana hay que levantarse temprano.

PEDRO.   Son poco más de las diez; no es tarde. Tenemos más de ocho horas para dormir.

LucíA.   *(Sacando las cartas.)* Como quieras. *(Se sienta. Empieza a contarlas.)*

PEDRO.   ¿Hay cuarenta?

LucíA.   Falta una.

PEDRO.   ¿Has contado bien?

LucíA.   Cuéntalas tú. (PEDRO *las cuenta.*)

PEDRO.   Sí, falta una.

(LucíA *se dirige al aparador para buscarla.*)

LucíA.   Por aquí no está. Se habrá perdido.

PEDRO.   ¡Cómo se va a perder! ¡Madre!

LA MADRE.   *(Apareciendo.)* ¿Qué queréis?

PEDRO.   Madre: ¿has visto tú una carta que falta aquí?

LA MADRE.   *(Buscándola.)* No sé. Tiene que estar en el cajón... A lo mejor, tu padre, que hace solitarios... ¿No la veis aquí?

LucíA.   Lo he revuelto todo y no la he visto...

LA MADRE.   Como que nunca véis nada. Si yo no estuviera siempre encima, no sé qué iba a ser de vosotros. *(Mutis.* LucíA *se sienta.)*

EL PADRE.   *(Que ha oído pasos en la escalera.)* Ya sube. *(Abre la puerta y aparece* JUANITA.*)*

JUANITA.   ¡Buenas noches! *(Por el periódico.)* Tome usted.

PEDRO.   ¡Hola, Juanita!

LucíA.   Buenas noches, guapa.

EL PADRE.   ¿Qué tal está tu padre? Esta mañana no le he visto. ¿No ha ido hoy a la oficina?

JUANITA.   Sí; ha venido ahora.

EL PADRE.   ¿Y qué tal está?

JUANITA.   Muy bien, gracias.

EL PADRE.   ¡Qué! ¿Cómo va ese colegio?

JUANITA.   Muy bien.

LUCÍA.   Ya irás muy adelantada, ¿no?

JUANITA.   Sí; me han pasado a la clase de las mayores. Tengo que comprar otra enciclopedia.

EL PADRE.   ¡Muy bien! ¡Muy bien, Juanita! ¡Ya eres casi una mujer!

JUANITA.   Sí, señor.

EL PADRE.   (*Mostrándole el periódico que ha leído.*) ¿Ha leído tu papá este periódico?

JUANITA.   No sé. No lo he visto.

EL PADRE.   Bájaselo por si quiere leerlo.

JUANITA.   Bueno.

EL PADRE.   Le dices que ya he preguntado lo que quería saber.

JUANITA.   ¿Lo que quería saber mi papá?

EL PADRE.   Sí. Tú sólo le dices eso. El ya sabe lo que es.

JUANITA.   Bueno... Adiós. (*Abre la puerta y desaparece.*)

EL PADRE.   (*Sin cerrar.*) Adiós.

LUCÍA.   Adiós, Juanita.

EL PADRE.   (*Cerrando la puerta y la ventana.*) ¡Bueno! Voy a la cama...

LUCÍA.   (*Algo nerviosa ante la posibilidad de quedarse a solas con* PEDRO.) ¿Tan pronto?

EL PADRE.   (*Dándoles un beso.*) ¡Estáis locos! ¡Lo mismo os da decir que es pronto o tarde! Habláis por no callar. ¡Menos mal! Mientras no os dé la locura por otra cosa...

LA MADRE.   (*Entra con una balleta húmeda para limpiar el hule de la mesa.*) ¿Te vas a dormir?

EL PADRE.   Sí.

LA MADRE.   ¿Te vas a dormir o a leer el periódico en la cama?

EL PADRE.   No. Voy a leer un poco el periódico.

LA MADRE.   ¡Como se gasta poca luz! ¿Qué necesidad

tienes de encender otra luz, vamos a ver? Míralo aquí y luego te acuestas.

EL PADRE.   Lo voy a mirar por encima. En seguida acabo. ¡Hasta mañana! *(Mutis.)*

PEDRO.   ¡Hasta mañana, padre!

LUCÍA.   Adiós, papá.

LA MADRE.   ¿No habéis empezado a jugar todavía?

PEDRO.   Estamos esperando que nos dejéis solos.

LA MADRE.   ¡Cuánto secreto! ¿Vais a jugar mucho dinero?

LUCÍA.   *(Inquieta.)* Muchísimo. Quédate con nosotros y verás cómo nos arruinamos.

LA MADRE.   No, hija. Os dejo con la ruleta. Tengo que fregar los cacharros aún. *(Mutis. Pausa larga.)*

PEDRO.   ¿Empezamos?

LUCÍA.   Cuando quieras.

PEDRO.   ¿Das tú o doy yo?

LUCÍA.   Es igual. Tú mismo.

PEDRO.   ¿Has barajado bien?

LUCÍA.   Creo que sí.

(PEDRO *reparte las cartas.)*

PEDRO.   Tú sales.

LUCÍA.   *(Con miedo.)*   No tengo ganas de jugar... *(Echando una carta.)* Copas...

PEDRO.   Fuerte empiezas. La muestra son copas, ¿te has fijado?

LUCÍA.   Es igual. Juega.

PEDRO.   *(Echando una carta.)*   Ganas tú. (LUCÍA *las recoge.)*

LUCÍA.   Tengo sueño... Espadas...

(PEDRO *se levanta sin hacer ruido y mira hacia la puerta derecha como temeroso de que* LA MADRE *escuche lo que va a decir. Se sienta despacio mientras* LUCÍA *le*

mira angustiada. Se incorpora un poco sobre la mesa y
dice:)

PEDRO.   ¿Le has visto hoy?

LUCÍA.   *(Con la voz temblorosa.)*   Juega... ¿No tienes
cartas?

PEDRO.   Te digo que si le has visto hoy.

LUCÍA.   Estoy muy nerviosa. *(Haciendo ademán de irse.)*
Déjame acostarme.

PEDRO.   ¿¡Sí o no!?

LUCÍA.   *(Dudando, con intensa amargura.)*   Sí; le he
visto.

PEDRO.   ¿Qué ha pasado?

LUCÍA.   Nada, Pedro. No hables de eso; se va a enterar mamá.

PEDRO.   Dime qué ha pasado.

LUCÍA.   No ha pasado nada. *(Llora silenciosamente.)*
Me va a encontrar mamá llorando. Calla, por favor,
Pedro...

PEDRO.   Cálmate y dime lo que ha pasado. *(Pausa.)*

LUCÍA.   He estado con él.

PEDRO.   ¿Y qué más?

LUCÍA.   *(Resistiéndose.)*   Nada.

PEDRO.   ¡Nada, no; todo! ¡Quiero enterarme de todo...! ¿A qué hora te citó?

LUCÍA.   A las nueve.

PEDRO.   ¿Has estado a las nueve?

LUCÍA.   Sí.

PEDRO.   ¿Estaba él allí?

LUCÍA.   Sí.

PEDRO.   ¿De dónde venías tan tarde?

LUCÍA.   De estar con él.

PEDRO.   ¿Dónde habéis estado?

LUCÍA.   En un café.

PEDRO.   ¿Dónde?

LUCÍA.   *(Dudando.)*   En el «Europa».

PEDRO.   ¿Qué te ha dicho?

142

LUCÍA. Nada.

PEDRO. *(Frenético.).* ¡Dime otra vez «nada» y sales por la ventana! ¿Qué te ha dicho? (LUCÍA *llora.)* Vamos, ¿qué te ha dicho? *(Con suavidad.)* No llores. Llorando no adelantamos nada, Lucía. ¿Qué te ha dicho? ¡Anda! Dímelo. *(Pausa.)*

LUCÍA. *(Dejando de llorar. Con inmensa tristeza.)* No le he visto...

LA MADRE. *(Entrando con platos limpios, que pondrá sobre el aparador.)* ¿Quién gana?

PEDRO. *(Que al ver a su madre ha cogido las cartas.)* Va ganando Lucía, madre. Déjanos solos.

LA MADRE. Sí, hijo, sí. Ya me voy. *(Mutis.)*

PEDRO. Vamos a jugar un poco. Coge las cartas. *(En un tono más alto, echando una carta.)* Vuelves a ganar tú. Estás de suerte. Ya te dije que me ganarías esta noche...

LUCÍA. No puedo, Pedro... No puedo más...

PEDRO. *(Cogiéndole una carta a* LUCÍA *y descubriéndola.)* ¿Espadas otra vez? Ahora gano yo...

LUCÍA. Estoy mala. No puedo seguir aquí...

PEDRO. *(Bajando la voz.)* Tú sabes que el único mal que tienes es no querer decirme lo que pasa... ¡Quédate ahí!

LUCÍA. *(Sin poder hablar casi.)* No le he visto, Pedro.

PEDRO. Peor para él si no le has visto... ¿Qué ha pasado?

LUCÍA. No estaba allí... ¡No me quiere! Ayer me citó también..., y antes de ayer...

PEDRO. ¿Y qué pasó?

LUCÍA. No ha ido nunca... Ya no me quiere. *(Solloza.)*

PEDRO. ¿Por qué me has dicho antes que le habías visto?

LUCÍA. No quería que lo supieras...

PEDRO. ¿Por qué...?

LUCÍA. No sé... *(Pausa.)*

PEDRO.   ¿Le quieres aún?...

LUCÍA.   Sí.

PEDRO.   ¿A pesar de lo que ha hecho contigo?

LUCÍA.   A pesar de todo.

PEDRO.   ¡Estás loca! ¿No tienes vergüenza? ¡Estás loca! ¿Tú crees que alguien se podía esperar esto? ¿No has visto, cenando, cómo te quiere madre, que está ciega por ti? ¿No lo has visto?

LUCÍA.   ¡Calla, Pedro! ¡Cállate! Yo no tengo la culpa de quererle.

PEDRO.   Tengo la culpa yo, que no he ido a verle todavía... Pero le voy a ver. Mañana mismo se va a dar cuenta ese canalla, ese perro indecente, de que la única que le quiere en esta casa eres tú...

LUCÍA.   (Angustiada.) ¿Qué vas a hacer? Pedro, ¿qué vas a hacer?

PEDRO.   ¿Dónde está? ¿Dónde se le puede ver? Dímelo, porque me voy a enterar yo de todas formas.

LUCÍA.   Pedro, cálmate, por Dios; cálmate. Estás dando voces; se va a enterar mamá. Cállate, por Dios; cállate.

PEDRO.   Tarde o temprano se enterará, no te preocupes. Y se va a enterar ahora mismo si no me dices dónde puedo verle.

LUCÍA.   Te juro que no lo sé. Te lo juro, Pedro.

PEDRO.   No mientas más. ¡Calla! Me da asco oírte... ¡Es igual! Yo te juro a ti que le veré mañana...

LUCÍA.   (Vehemente.) No hagas una locura... Él es bueno... Estará enfermo y no podrá verme... ¡Cualquier cosa! ¡Yo qué sé lo que pasará! No hagas una locura, por Dios...

PEDRO.   (Con sarcasmo.) ¿Me dices... a mí... que no haga una locura? ¡Qué sabes tú de eso! ¿Sabes tú lo que es una locura?

LUCÍA.   (Desesperada.) No me hables así. ¡Yo soy buena! ¡Tú sabes que soy buena! ¡No quiero que me hables así! (Se cubre la cara con las manos, sollozando.)

PEDRO. ¡Vete a acostar! ¡Calla! ¡Vete a acostar te digo! ¡Calla de una vez!

(*Pausa larga. Se escuchan los sollozos de* LUCÍA, *que va calmándose poco a poco.*)

LUCÍA. (*Profundamente seria.*) Prométeme que no irás mañana.

PEDRO. (*Con frialdad.*) Vete a acostar. Tengo sueño. (*Alzando la voz.*) Sí; mañana jugaremos otra vez.

LUCÍA. Dime que no irás.

PEDRO. (*En el mismo tono.*) Me has ganado. Ya te dije yo que me ganarías esta noche...

LUCÍA. Por Dios, dímelo.

PEDRO. Vete a dormir, Lucía. Has jugado muy bien...

LA MADRE. (*Entrando a dejar el botijo sobre el aparador.*) ¿Te vas a la cama ya, Lucía? Deja a tu hermano que se acueste.

LUCÍA. Todavía no.

PEDRO. Me ha ganado la partida y quiere jugar otra. Dile que se acueste, madre.

LA MADRE. Anda, hija. Mañana tenéis que madrugar. Luego no puedo despertaros.

PEDRO. Vete. Que pases buena noche, hermana.

LA MADRE. Vamos, hija.

(LUCÍA *se levanta con la cabeza inclinada para ocultar el rostro y va despacio hasta la puerta. Antes de salir mira a* PEDRO.)

LA MADRE. (*Que ha ido a besar a su hijo, señalando la puerta derecha.*) ¿Le pasa algo?

PEDRO. Nada. Que descanses, madre.

LA MADRE. Hasta mañana. (*Mutis.*)

(PEDRO *se agarra a la petaca con un gesto de salvación. Piensa en fumar, que es, muchas veces, un recurso pueril del hombre. Lía un cigarro con nerviosismo. Lo enciende, da una chupada y lo deja al borde de la mesa. El humo se va elevando con tranquilidad pensativa, casi irónica. PEDRO se pasa con fuerza, desesperado, la mano por la frente. Está embotado, cansado, destruido. Se le van cerrando los ojos poco a poco. La cabeza se inclina despacio bajo un sueño denso, fustigador, como un sueño de siglos. Troncha la cabeza sobre el brazo y se hunde en la noche... Cae lentamente el*

TELÓN)

Un escritor necesitado comentó, en 1948, que, si había cena, no podía haber drama...

Lucía y Pedro son, en efecto, hermanos; pero en la obra no importa tanto la consanguinidad como la fraternidad, el salir al paso del daño infringido por la irresponsabilidad de otro: «Quien hiciere la voluntad de mi Padre, que está en los cielos, éste es mi hermano, y hermana, y madre.» (Mateo, 12, 50).

Se trata, simplemente, de un drama de honra (determinada honra), tema hoy confuso y difícil de explicar. Pero quizá mañana esté claro otra vez y se pueda explicar fácilmente.

De todas formas, la discusión del tema no debe hacerse en abstracto, sino en esa casa sacrificada y modesta, con ese dinero al mes, con esos buenos padres y en el contexto social que les encuadra. A partir de ahí, las preguntas y discusión son lícitas.

El hermano figura en este libro «in its own right», como los ingleses dicen.

Se estrenó en las postrimerías de «Arte Nuevo» y en el teatro de un Instituto y las críticas —para todos los autores de aquella tarde— fueron contadas y breves. De *El hermano,* recuerdo dos (favorables): una de José Ramos Rodríguez, en *Aspiraciones*, y otra de Gerardo Rodríguez de Castellanos, en *Arriba*. Pero, el domingo siguiente a su estreno, *Cargamento de sueños* y *El hermano* se repusieron en la Asociación Cultural Iberoamericana.

El hermano se publicó enseguida en la Antología Literaria *Acanto* (suplemento de *Cuadernos de Literatura*), dirigida por José García Nieto, la estrenó en Granada Víctor Andrés Catena y, a través de los años hasta hoy, ha sido recordada, como antecesora de «realismos» escénicos o «breve obra maestra», en reseñas, artículos, diccionarios, estudios o antologías por Alfonso Sastre, Juan Emilio Aragonés, Antonio Rodríguez de León, Alfredo Marqueríe, José Gordón, Germán Bleiberg, Gaspar Gómez de la Serna, Charles David Ley, Antonio Prieto, Ángel Valbuena Prat, María del Pilar Palomo, etcétera.

Alberto González Vergel hizo de ella un montaje memorable para televisión («Platea», 13-III-1963), con interpretaciones no menos valiosas de Ana María Noé, Dionisio Salamanca, Carmen Sáez y Manuel Soriano.

Alfredo Marqueríe la incluyó en su programa teatral de Radio Nacional de España.

En fin, en sus Memorias (1943-1952), Charles David Ley considera que *El hermano* fue la única obra definitiva que dejó «Arte Nuevo» (pág. 85, ver bibliografía).

Ad perpetuam rei memoriam.

Antonio Buero Vallejo

Las palabras en la arena

Esta obra se estrenó la noche del 19 de diciembre de 1949, en el teatro Español, de Madrid, por los alumnos de la clase de Declamación del Conservatorio, bajo la dirección de doña Ana Martos de la Escosura, con el siguiente

REPARTO

ASAF, *jefe de la Guardia del Sanhedrín:*	Fernando M. Delgado
NOEMÍ, *su esposa:*	Marisa de Leza
LA FENICIA, *sierva:*	Encarnita Plana
JOAZAR, *sacerdote del Templo:*	Félix Ochoa
MATATÍAS, *fariseo:*	Simón Ramírez
GADI, *saduceo:*	Luis Lama
ELIÚ, *escriba:*	Ramón Moreno

LA ACCIÓN EN JERUSALÉN: hacia el año 30 de la Era Cristiana.

Derecha e izquierda, las del espectador.

ACTO ÚNICO

Un polvoriento camino limitado por el cercado de la
casa de Asaf. Es un cercado muy bajo de tierra encalada
que corre a lo largo de la escena, con un portillo en el
centro y un poyo a la derecha de éste. Tras él se encuentran la casa y el huerto: una casa enjalbegada de una sola
planta, pobre para nuestros ojos de hoy, y de la que se ve
un ángulo, perdiéndose el resto en el lateral derecho. La
monotonía de su pared sólo es interrumpida por la
puerta, bien visible para el caminante, y una ventana con
celosía. A la izquierda está el huerto, donde la familia
cultiva legumbres para su sustento y un par de árboles
frutales. Puede divisarse entre ellos la parte posterior del
cercado, tras la que se pierde un confuso atisbo de
callejuelas y terrazas. La mañana es seca y ardiente,
relampagueante de azul, y la blancura de los muros
devuelve la calcinada crueldad del sol.

> (LA FENICIA, *sierva de la casa, sale al huerto con una*
> *espuerta para recoger hortalizas. Es joven, pero seca y*
> *angulosa, de menudos ojos inquisitivos y vivos ademanes.*
> *Nada más salir espía hacia el interior y luego, tranquili-*
> *zada, extrae de entre sus ropas un higo seco y lo mastica*
> *con culpable fruición. Dirige una despectiva mirada a la*
> *zadilla, que descansa en el ángulo de la pared, y tira la*
> *espuerta junto a ella sin dejar de escuchar. La voz de*
> NOEMÍ *la sobresalta.*)

NOEMÍ. *(Desde dentro.)* Coge sólo seis o siete, las
que estén más granadas. *(Pausa.)* ¿Me oyes, Fenicia?
LA FENICIA. *(Tragándose precipitadamente el higo antes*
de responder.) Sí, ama. *(Escucha un momento aún y después,*

feliz, corre al cercado. Empieza a comer otro higo y se acomoda sobre el borde para mirar a la izquierda del camino. A juzgar por su turbia sonrisa y su actitud, está contemplando algo que ocurre a lo lejos y que le interesa. Después comenta en voz alta, hacia la casa.) El Rabí está predicando otra vez en las gradas del Templo. *(Silencio. Para sí misma.)* Qué fastidio, no poder enterarse... Si mis orejas fueran tan buenas como mis ojos.. *(Haciendo pabellón con la mano.)* ¿Tal vez... se oye? *(Desencantada.)* No. No se oye. *(Sigue mirando. Pausa. Se mete otro higo en la boca.)*

NOEMÍ. *(Desde dentro.)* ¿Hay mucha gente?

LA FENICIA. *(Tragando aprisa.)* Mucha. Cada día más... *(Pausa.)*

NOEMÍ. *(Desde dentro, con tono de ira.)* ¡Otra vez nos ha robado higos!

LA FENICIA. No, ama...

NOEMÍ. *(Desde dentro.)* ¡No mientas! Se te nota en la voz.

LA FENICIA. *(Tragando de nuevo.)* De veras que no, ama. *(Pausa breve.)* Hay mucho gentío... y muchas mujeres... Es muy buen mozo el Rabí. *(Sin dejar de mirar.)* Ahora desemboca un tropel por la cuesta vieja... Me parece distinguir entre ellos a... *(Pausa.)* Sí. Es el amo.

NOEMÍ. *(Desde dentro.)* ¿Asaf?

LA FENICIA. Sí. ¡Le brillan todas las armas! Va con gentes del Templo[1] y del Sanhedrín[2]. *(Con júbilo.)* ¡Ah, ya veo! Traen a una mujer. ¡Van a lapidar a una mujer! *(Lanza en seguida una expectante y burlona ojeada a la casa para seguir mirando con aparente atención. Pausa. En la puerta de la casa asoma* NOEMÍ, *conteniendo su agitación y tratando de*

---

[1] *Templo:* Centro de la vida religiosa judía en Jerusalén. En el mismo lugar hubo tres templos: El de Salomón, el de Zerubbabel y el de Herodes. De éste, destruido el año 70 d. C., sobrevive el Muro de las Lamentaciones. La Mezquita de Omar se alza hoy en el lugar del Templo.

[2] *Sanhedrín:* El Tribunal Supremo en Jerusalén en el siglo II a. C. y I d. C. Formado por la aristocracia sacerdotal y presidido por el Sumo Sacerdote.

ocultar su miedo. NOEMÍ *es hermosa: tiene la hermosura violenta y gastada de muchas mujeres morenas. Sus ojos son profundos, cansados, asustados. Grandes ojeras los circundan. La boca es dura y sensual con un pliegue amargo. Mira fijamente a* LA FENICIA, *que advirtió su llegada, pero que finge ignorarla y sigue hablando entre sonrisas que* NOEMÍ *no puede ver.)* Ahora hablan con el Rabí y le muestran a la mujer... ¡La han tirado a sus pies! Y cogen piedras... Gritan. Todos gritan y gesticulan... *(Haciendo otra vez pabellón.)* Sí. Parece que se oye... ¡Adúltera! Eso gritan. ¿No oyes, ama?

NOEMÍ.   No. No oigo.

LA FENICIA.   ¿Estabas aquí? Tus pasos son como de gacela... Nunca se te siente. ¿Vienes a verlo?

NOEMÍ.   ¿Qué hace el Rabí?

LA FENICIA.   *(Divertidamente impresionada.)* Espera... Sí. Parece como si estuviese... dibujando o escribiendo en el suelo... *(Alborozada.)* ¡Es como un niño ese Rabí! Se ha agachado y dibuja en la arena... Todos le preguntan con violencia... El amo no se queda atrás, se mueve por diez... Pero él no escucha. *(Pausa.)*

NOEMÍ.   Óyeme.

LA FENICIA.   No los escucha... Ahora se levanta y dice algo. La mujer no se mueve. ¡Semeja a una muerta!

NOEMÍ.   ¡Óyeme! *(La sierva se vuelve súbitamente y atiende.)* ¡Deja ya de fisgar, deja al Rabí y al amo, y... a los demás!

LA FENICIA.   Yo fisgaba, ama, porque tú preguntabas. Creí que te gustaría saber...

NOEMÍ.   ¡No me importa! *(Pausa breve.)* Acércate. (LA FENICIA *se aproxima.)* Has de hacerme ahora un servicio muy importante... Ya sabes... *(Pausa. No sabe cómo continuar.)*

LA FENICIA.   *(Insinuante.)* ¿Acaso, ama, quieres decirme algo para el centurión Marcio? *(Pausa.)* Ama, tu pie sobre mí. Habla sin reparo a tu sierva. Yo iré con gusto a avisarle; Marcio es bondadoso y generoso.

NOEMÍ. Le dirás que mi señor marcha esta tarde a Bethsaida[3].

LA FENICIA. Lo sé.

NOEMÍ. Calla... Va custodiando un envío de la Sinagoga[4]. Tardará cinco días en volver...

LA FENICIA. Cinco días de dicha para mi ama, cinco noches de fresco amor...

NOEMÍ. (Disgustada.) Déjame concluir.

LA FENICIA. (Con falso afecto.) No te canses, ama. Debo decirle que venga esta noche, después de completas[5] y entre por el sitio que conoce. Que tú le aguardas llena de gozo, que reservas para él alegrías que no se pueden nombrar. Y que vuelva, que vuelva todas las noches, que tú le esperas siempre... Y que sea muy discreto, y que le adoras.

NOEMÍ. (Molesta.) Tú todo lo sabes.

LA FENICIA. (Con una risita.) ¿Equivoqué algo? (Se mete con descaro un higo en la boca.)

NOEMÍ. (Con ira.) ¿Qué esperas? ¡Parte ya! (Temerosa.) ¡Pero guárdate, recátate mucho, por Jehová!

LA FENICIA. Tu pie sobre mi cabeza, paloma. Descansa en mí. (Sale por el portillo y se dispone a marchar por la derecha.)

NOEMÍ. Espera. (La sierva se detiene. Pausa breve. Sin mirarla.) Dime qué hacen ahora frente al Templo.

LA FENICIA. ¿No quieres mirar? (Afable.) ¡Como una rosa encarnada estás! ¡Yo he de decirle a Marcio de tu hermosura! (Va hacia la izquierda para mirar. Pausa.) No han lapidado a la mujer; todos se van. El Rabí sigue escribiendo en el suelo... Ahora se levanta y habla con ella. ¡Apenas se atreve ella a levantar la vista! (NOEMÍ inclina la cabeza.)

---

[3] *Bethsaida:* Capital de la antigua Palestina, junto al lago de Genezareth. Patria de San Pedro, San Juan, Santiago el Mayor y San Felipe.

[4] *Sinagoga:* Lugar de reunión de los judíos para el culto. En su origen fue complemento y, más tarde, sustitutivo del Templo.

[5] *Completas:* Última hora canónica del rezo. Oración vespertina.

NOEMÍ.   Basta. Vete ya. Y sé discreta.

LA FENICIA.   (*Marchando aprisa hacia la derecha.*) ¡Que cieguen mis ojos si otros ojos me ven con Marcio! (*Sale. Luchando consigo misma, se aproxima* NOEMÍ *al cercado. Decídese, al fin, a mirar para la izquierda. Con un gesto de alarma se echa el velo y entra presurosa en la casa. Pausa. Mirando con miedo y rencor hacia atrás entra, por la izquierda,* ELIÚ, *el escriba*[6]. *Es pequeño y ratonil.*)

ELIÚ.   (*Mascullando a su pesar.*) Ladrón... de los dineros... de los pobres. (*Sale por la derecha. Entra en seguida, por la izquierda,* GADI, *el saduceo*[7]. *Es grueso, de piel reluciente. También mira atrás, aunque con más disimulo. Luego divisa al escriba y le llama.*)

GADI.   ¡Eliú! ¡Eliú! (*Pausa.*) Este cochino escriba no quiere palabras. ¡Eliú! (*Se encamina a la derecha.* ELIÚ *aparece de nuevo, con los ojos bajos.*) Acércate. ¿Es que huyes del galileo? (*Pausa.*) ¡Acércate! (ELIÚ *se acerca.*) ¿Huyes del Rabí?

ELIÚ.   (*Estallando.*) ¡Maldición sobre ti y sobre todos los impíos saduceos como tú! También tú huyes de él.

GADI.   Buscándote a ti y a todos los cobardes que nos habéis abandonado.

ELIÚ.   No había motivo para lapidar a la mujer. Yo no vi nada.

GADI.   No, claro. Tú no les mulliste el lecho. No sería por falta de ganas.

ELIÚ.   ¿Lo hiciste tú, acaso?

GADI.   ¡Gallina! De sobra sabes que había testigos. Otras veces se ha lapidado con menos pruebas. (*Pausa.*) Pero el Rabí escribió unas palabras en el suelo... y el escriba Eliú corrió con el rabo entre las piernas.

---

6 *Escriba,* doctor e intérprete de la Ley de los hebreos.

7 *Saduceos,* secta político-religiosa judaica, opuesta a los fariseos, que negaba la inmortalidad del alma, la resurrección del cuerpo y la realidad de los ángeles.

ELIÚ.   Y como para el saduceo Gadi también hubo palabritas... Gadi fue a ver a dónde marchaba Eliú.

GADI.   ¡Deslenguado! ¡Maldita simiente farisaica!

ELIÚ.   ¡Sí! Simiente de fariseo[8] soy. Ellos son puros, son santos. ¡Mucho más que vosotros!

GADI.   *(Señalando a la izquierda.)*   ¡Pues aquí tienes a tu amo, perro! *(Por la izquierda aparece* MATATÍAS, *el fariseo. Es alto y flaco; nunca mira de frente. Aunque viene nervioso, adopta, en cuanto ve a los otros, un aire austero y reposado. Avanza con la vista baja, moviendo con pena la cabeza. Resuenan sordamente sus filacterias[9].* GADI, *burlón.)* ¿Huyes, Matatías?

MATATÍAS.   No huyo de nada ni de nadie. ¡Jehová está conmigo! *(Incapaz de reprimir su rabia.)* ¡Y la ira de Jehová me posee! ¡Hay que matar a ese agitador que se atreve a profanar las gradas del Templo con sus plantas impuras! *(Aspavientos.)*

ELIÚ.   *(Reverencial.)*   Así sea.

MATATÍAS.   Escrito está: «No darás oído a las palabras del tal profeta, ni al tal soñador de sueños; porque Jehová vuestro Dios os prueba para saber si le amáis.» Y también: «El tal profeta o soñador de sueños ha de ser muerto; por cuanto trató de rebelión contra Jehová *vuestro Dios*»[10].

GADI.   Te altera demasiado lo que ha escrito ese Rabí.

MATATÍAS.   ¡No le llames Rabí! Los Rabíes sólo están

---

[8] *Fariseo,* estricto observante de la Ley Mosaica, pero más de los detalles externos o nimios que de su espíritu. Saulo de Tarso (luego, Pablo) y su maestro Gamaliel fueron fariseos notables.

[9] *Filacterias,* capsulitas con tiras enrolladas de pergamino en que estaban escritos algunos pasajes del *Éxodo* y el *Deuteronomio.* Durante las plegarias, el israelita se aplicaba (y se aplica) las tiras sobre la frente y el brazo izquierdo. Los vanidosos procuraban tiras más amplias y vistosas, para impresionar más.

[10] Tal vez la memoria de Matatías o la intención de Buero modifiquen la cita. Idea similar se expresa en *Deuteronomio,* 18, 20.

en los templos. Ése es un galileo inmundo. ¡Sea anatema sobre él!

GADI. Pero aunque ese galileo escribiese en la arena...

ELIÚ. *(Rencoroso.)* Mucho te preocupan sus escritos. Motivos tienes.

GADI. *(Furioso.)* ¿Qué insinúas, perro?

ELIÚ. ¡Perro del Señor, para morderte!

(Se han oído carcajadas cercanas, y MATATÍAS volvióse para otear el camino. El saduceo y el escriba sólo atienden a su odio. MATATÍAS asume posturas conciliadoras para ser visto de los que llegan.)

MATATÍAS. Paz entre nosotros, y que el Señor haga fructificar nuestra unión contra el galileo...

(Llegan, por la izquierda, ASAF y JOAZAR, sacerdote del Templo: erguido, aunque viejo, su barba blanca ennoblece un rostro duro y enérgico, de acusada nariz aguileña. ASAF, jefe de la milicia del Sanhedrín, es joven, pueril y arrebatado. Viste arreos militares. Eran de él las risas y sigue riendo, mientras señala con el dedo a los otros tres.)

ASAF. Míralos, sacerdote. Aquí vinieron a parar de su fuga. Talmente ante mi casa. ¿Tanto os turbaron las palabras que escribió el Rabí?

MATATÍAS. ¡No le llames Rabí!

JOAZAR. *(Sentencioso.)* No lo es.

ASAF. *(Riendo.)* Le llamaré entonces Mesías, como sus adeptos.

MATATÍAS. ¡Abominación sobre ti!

JOAZAR. *(Grave.)* Cálmate, Asaf.

ASAF. Lo cierto es que ese Mesías, o Hijo de David, o como queráis llamarle...

MATATÍAS. ¡Galileo!

ASAF. Ese galileo os ha hecho huir a todos. Y allí

quedó la mujerzuela que merecía la muerte. *(A* JOAZAR.*)* Tú, como sacerdote del Templo, debiste imponerte. Mas también huyes del galileo.

JOAZAR.   No es cierto.

ASAF.   ¡Es cierto! Y todo, ¿por qué? Por unas insignificantes palabras en la arena. Por unas palabras que borra el viento. *(Empieza a reír hasta estallar otra vez en carcajadas.)* Ese Rabí *(Gesto del fariseo)* no carece de malicia. *(A* ELIÚ.*)* ¿Qué escribió para ti? *(Pausa.)* ¿Prevaricador?

ELIÚ.   *(En ascuas.)*   No me acuerdo.

GADI.   *(Riendo, contagiado.)*   Yo lo vi; estaba a su lado. Puso...

ELIÚ.   ¡Calla, vil, embustero!

GADI.   *(Entre el regocijo de los demás, menos el de* MATATÍAS, *que nunca ríe.)*   Puso: «Ladrón de los dineros de los pobres.»

ELIÚ.   *(Fuera de sí.)*   Reíd, reíd. Yo os digo que el galileo es mago y tiene poder de adivinación. Se equivocó conmigo, pero...

ASAF.   *(Muy divertido.)*   ¿Se equivocó contigo?

ELIÚ.   Pero yo vi lo que escribió para Gadi. ¡Bien te adivinó!

GADI.   *(Repentinamente serio.)*   Simplezas.

ELIÚ.   *(Silabeando con odio.)*   «Corruptor de niñas.» Eso puso el galileo para ti.

GADI.   *(Rojo.)*   No sabes lo que dices. Quieres distraer la atención de tus robos calumniándome.

ELIÚ.   ¿Olvidaste ya tu historia con la huerfanita?

MATATÍAS.   *(Con los brazos en alto.)*   ¡Tapóname los oídos, oh Jehová, y presérvame de inmundicia!

ASAF.   No reces en voz alta al Señor. También para ti hubo.

MATATÍAS.   ¡Mentiras, grandes mentiras serían! Ni siquiera las leí.

ASAF.   «Hipócrita... y lujurioso.»

MATATÍAS.   Falso. De evidente falsedad. Hace quince años que soy casto por el favor divino.

ASAF.   *(Con zumba.)*   Por eso te brillaban tanto los ojos ante el pecho desnudo de la adúltera.

MATATÍAS.   ¡De indignación! ¡De santa ira contra el pecado!

ELIÚ.   Ese hombre tiene poder; un poder infernal. Dicen que pasó años instruyéndose con los esenios[11].

JOAZAR.   *(Terminante.)*   Los esenios no son magos. Es intolerable que un escriba crea en ese infundio popular.

ELIÚ.   Los esenios no serán magos, pero Jesús lo es. Acertó con todos... salvo en mi caso... y en el de Matatías. Para otros escribió también cosas muy verdaderas de su intimidad. *(Pausa breve. Con respeto y malicia.)* Y si el sacerdote accede a decirnos lo que para él puso con el dedo...

JOAZAR.   ¡Bah! A mí me puso «ateo». *(Un silencio expresivo.)* ¡A mí, a un sacerdote del Templo de Jerusalén! *(Ríe, pero nadie ríe con él. Pausa.)* Es un falso profeta, y hay que matarle.

ELIÚ, GADI Y MATATÍAS.   ¡Hay que matarle!

ASAF.   Hay que conseguir que Roma nos deje matarle[12], o que el pueblo lo mate a pedradas, como habría hecho hoy con la mujer si no es por él.

JOAZAR.   Le prepararemos una hábil y espontánea lapidación...

GADI.   Tan espontánea como la de hoy, pero más hábil...

---

[11] *Esenios,* secta judaica en tiempos de Jesucristo, caracterizada por su ascetismo, muy estricto, y comunidad de bienes. Se ha escrito que Juan Bautista y Jesús tuvieron, por un tiempo, conexión con ellos. En Khirbet, al noroeste del mar Muerto, vivían en comunidad monástica hasta el año 68 d. C. Los rollos del mar Muerto, hallados en cuevas (1947-1956), formaban parte de su biblioteca monástica.

[12] *Que Roma nos deje matarle.* Las penas de muerte, nada frecuentes, tenían que ser ratificadas por el poder romano. Otras sentencias, no.

ASAF. Sin que nadie pida al limpio de pecado que lance la primera piedra...

ELIÚ. Y Roma nada podrá decir.

MATATÍAS. ¡Y la ley de Moisés será cumplida![13]

(Pausa.)

ELIÚ. (Suave.) Y a ti, apuesto capitán, ¿qué te escribió?

JOAZAR. En efecto, ¿qué escribió para ti?

(Todos rodean a ASAF, que ríe francamente.)

ASAF. Todos decís que se ha equivocado con vosotros. ¡Conmigo sí que erró! Y lo escribió para mí, no hay duda, pues me miró antes de hacerlo.

MATATÍAS. ¿Qué fue?

ASAF. La mayor tontería que podáis imaginar. Algo que nunca hice.

ELIÚ. Dinos lo que fue.

(Pausa.)

ASAF. (Riendo.) Lo he olvidado, tan infantil era. ¡Bah! ¡Palabras en la arena!

JOAZAR. No lo quieres decir.

ASAF. Porque es una tontería. (Pausa. Ellos le miran, disgustados por su silencio.) Bien, amigos; si entráis en mi casa, mi esposa podrá serviros un refresco.

MATATÍAS. ¡Abominación sobre mí antes que me atreva a mirar joven esposa alguna! (Vase por la derecha murmurando entre dientes, seguido, servilmente, del escriba.)

GADI. (Burlón.) Como no sea con los ojos brillantes de santa ira por el pecado ajeno, ya sabemos. (Vol-

---

[13] La muerte por lapidación no recaía sólo en los adúlteros; era un medio común de ejecución.

viéndose a los otros.) Declino tu oferta. Jehová sea con vosotros.

(Los tres se inclinan y el saduceo se va por la derecha.)

ASAF.   ¿Y tú, sacerdote?

JOAZAR.   No quiero privarte de los últimos momentos de compañía con tu esposa Noemí. Pero no los hagas tan dulces que se te pase la hora de tu partida.

ASAF.   Ya no estamos en la luna de miel. Es la hora quinta, y salimos a la nona[14].

JOAZAR.   El Señor sea contigo en este viaje.

ASAF.   Él te guarde. *(Se va* JOAZAR *por la derecha.* ASAF *salta con ímpetu el cercado.)* ¡Noemí! ¡Noemí!

(Ella sale rápida de la casa y se arroja en los brazos de su esposo.)

NOEMÍ.   Mi señor... *(Se prodigan caricias. Quedan luego emparejados.)* Te vi por la celosía. Te esperaba con impaciencia. ¡Has tardado mucho!

ASAF.   Aún tenemos cuatro horas para nosotros... ¿Está La Fenicia?

(Pausa breve.)

NOEMÍ.   Fue a un recado... *(Dulce.)* Estamos solos. *(Él la besa con pasión.)* ¡Pueden vernos!

ASAF.   *(Contento.)* Que rabie el que mire. Ven. *(La conduce al portillo y salen. Él se sienta en el poyo y atrae sobre sus rodillas a la mujer.)*

NOEMÍ.   *(Mirando al camino.)* Puede vernos algún fariseo...

ASAF.   *(Risueño.)* Como Matatías. ¿Le viste?

---

[14] La hora quinta, hacia las once de la mañana y la nona hacia las tres de la tarde.

NOEMÍ.   A todos os vi.

ASAF.   Le invité a entrar y me dijo: «Abominación sobre mí, antes que mirar a ninguna joven esposa.» Se marchó entre aspavientos. Todo lo hizo a propósito porque habíamos estado burlándonos de unas palabras que Jesús, el galileo, escribió para él en la arena. Tú esto no lo sabes.

NOEMÍ.   *(Grave.)*   Lo sé.

ASAF.   ¿Lo sabes?

NOEMÍ.   Desde aquí se ve todo. Ibais a lapidar a una mujer.

ASAF.   Una adúltera. *(NOEMÍ se desprende con suavidad para sentarse a su lado.)* ¿Qué haces?

NOEMÍ.   Así estamos mejor. *(Pausa breve.)* ¿Qué decías de esa mujer?

ASAF.   Una impura. Una adúltera. La llevamos a la plaza para lapidarla, y ese galileo...

NOEMÍ.   ¿El Rabí Jesús?

ASAF.   No es un Rabí, tonta. Es un galileo sucio y perverso. Matatías discurrió pedirle su parecer para ponerle en un apuro. ¡Buena contestación recibió! Por eso se ha negado a verte.

NOEMÍ.   *(Inquieta.)*   ¿Cómo?

ASAF.   ¡Claro! El galileo es muy listo. Eliú, el escriba, dice que es mago. Yo no lo creo, pero hoy se arriesgó y supo acertar. Empezó a escribir en el suelo y la gente que había a su lado se marchaba rezongando. Pero Matatías insistía. *(Confidencial.)* Le gustaba la mujer, ¿sabes? Le gustan todas y, como no se atreve a confesárselo, le da rabia.

NOEMÍ.   ¿Y Jesús?

ASAF.   Jesús escribió algo para él. *(Recalcando.)* «Hipócrita, lujurioso.» Yo tenía que hacer esfuerzos para no reírme en sus narices, al ver la cara que puso.

NOEMÍ.   ¿Sí?

ASAF.   Pero ellos lo tomaron por lo serio. Son unos

cobardones. Hubo para todos. ¿Sabes lo que le puso a Gadi?

NOEMÍ. ¿Acertó con sus impurezas?

ASAF. Justo: «Corruptor de niñas.» Y a Eliú: «Ladrón del dinero de los pobres.»

NOEMÍ. ¿Será posible?

ASAF. ¿Te asombra? Pues espera a oír lo que escribió del sacerdote.

NOEMÍ. ¿De Joazar?

ASAF. Sí. Escribió: «Ateo.» *(Ríe ruidosamente.)* Es graciosísimo, ¿verdad?

NOEMÍ. *(Ríe débilmente.)* Sí.

ASAF. *(Serio.)* Y todos se fueron avergonzados. La mujer se salvó. *(Feroz.)* Ya caerá en otra ocasión.

(Pausa.)

NOEMÍ. Asaf...

ASAF. ¿Qué?

NOEMÍ. *(Vacilante.)* Me hace daño verte así, tan duro... No pienses en esa pobre mujer y piensa en nuestro amor... Quisiera verte siempre alegre, bondadoso, feliz... Como eres. *(Le mira con angustiosa expectación.)*

ASAF. *(Violento.)* ¿Pobre mujer, dices? Ella pecó, se revolcó con uno cualquiera, ¿y la compadeces? Rompió su hogar, traicionó arteramente a su esposo, ¿y la llamas pobre?

NOEMÍ. Pero matar a un ser a pedradas...

ASAF. *(Gritando, casi.)* ¡La ley de Moisés es terminante!

NOEMÍ. *(Agria.)* Hablas igual que un fariseo.

ASAF. Y tú hablas lo mismo que el galileo, igual que ese agitador peligroso, que quiere destruir los hogares y perdonar, ¡siempre perdonar! Pero perdonando no puede haber familia, ni mujer segura, ni hijos obedientes, ni Estado, ¡ni nada! *(Está rojo.)*

NOEMÍ. *(Temblorosa.)* Asaf...

ASAF. *(Levantándose de golpe.)* ¡Calla! Sólo dices tonterías. *(Se recuesta en el cercado, al otro lado del portillo. Ella vacila un instante y se levanta para ir, con fingida humildad, a su lado.)*

NOEMÍ. *(Zalamera.)* ¿Se ha enfadado mi señor?

ASAF. *(Volviéndose, con una media sonrisa.)* Noemí, eres como una mula cananea.

NOEMÍ. ¿No perdona mi señor a su esclava?

ASAF. Sí, por esta vez. *(Nervioso, con la cara de ella entre las manos.)* Pero habrás de pagar por tus errores.

NOEMÍ. En buena moneda de cariño... *(Le echa los brazos al cuello.)* No deseo otra cosa.

(Pausa. Él se desprende.)

ASAF. Hace calor. Mal viaje vamos a tener. Voy a refrescarme.

NOEMÍ. ¿Quieres que te prepare agua de naranja?

ASAF. No. Beberé hidromiel, que da fuerzas. *(Llega al portillo.)* Y tú... ¿no entras?

NOEMÍ. En seguida seré contigo.

ASAF. *(Con una intensa mirada.)* No tardes. *(Se dirige a la puerta. Ella contempla sus robustas espaldas con una indefinible expresión.)*

NOEMÍ. Asaf.

ASAF. *(Volviéndose.)* ¿Qué?

NOEMÍ. *(Risueña y zalamera.)* Quisiera preguntarte algo... Ya sabes que soy muy curiosa.

ASAF. *(Con impaciencia complacida.)* ¡Acaba!

NOEMÍ. ¿Qué escribió para ti el galileo?

ASAF. *(Brusco.)* No sé.

(Entra rápidamente. NOEMÍ se vuelve con el gesto en agonía. Se tapa la cara con las manos y permanece así un largo rato. Bulliciosa y ladina, entra LA FENICIA por la derecha y se la queda mirando.)

LA FENICIA. ¡Ama!

NOEMÍ. ¡Ah! Me asustaste.

LA FENICIA. *(Gozosa y enseñando una bolsa cuyo contenido hace tintinear.)* ¡Mira lo que me dio! Tan contento se puso, que no acertaba a hablar. *(Inicia un grotesco bailecillo, haciendo sonar las monedas.)* Se puso pálido, pálido..., después rojo... *(Imitando la voz bronca del centurión.)* «¡Toma!» —me dijo—. ¡Cinco denarios[15], ama; cinco hermosos denarios de plata en bolsa bordada! ¡Cinco denarios, uno por cada noche! *(Los hace sonar y sigue bailando.)*

NOEMÍ. *(Despavorida.)* Calla, párate, por tus dioses. El amo está en casa y puede verte. ¡Para...! ¡Dios mío! *(LA FENICIA no hace caso. Deposita la bolsa en el suelo y danza a su alrededor en un arrebato de avarienta pasión.)*

LA FENICIA. Cinco discos de plata como cinco lunas... Cinco lunas propicias a mis deseos... Atesorar y comprar... Comprar y atesorar... La plata me rescatará... Hombres y ganado ella me dará...

NOEMÍ. ¡Oh! ¡Calla, calla!

ASAF. *(Desde dentro.)* ¡Noemí! *(Un silencio angustioso. La sierva se detiene, resollante.)* ¿No vienes, Noemí?

NOEMÍ. Voy, mi señor...

(ASAF aparece en la puerta.)

ASAF. ¿Qué haces? *(LA FENICIA recoge aprisa su bolsa con mano trémula. Se le cae y las monedas resuenan débilmente. La coge otra vez y la esconde en su seno. ASAF las mira en silencio; después avanza y cruza el portillo. NOEMÍ le brinda una sonrisa que él no recoge. Se encara con la sierva, con la mano extendida.)* Dame eso que se te ha caído. *(Ella lo mira, vacilante.)* ¿Oyes? *(La sierva, asustada, mira a su ama.)*

---

[15] *Denario,* moneda romana de plata (diez ases o cuatro sestercios). El as era de bronce y pesaba doce onzas. El sestercio era de plata y pesaba dos ases y medio.

Noemí. Déjala, Asaf... Son naderías suyas, abalorios... *(A la sierva, autoritaria.)* ¡Entra en seguida! Ya has holgazaneado bastante.

La Fenicia. *(Sumisa.)* Sí, ama. *(Quiere entrar, pero Asaf la retiene por un brazo.)*

Asaf. Espera. Dame eso que sonó al caer.

Noemí. Asaf, por Dios... La estás asustando...

Asaf. ¡Calla tú! *(A la sierva.)* ¡Vamos!

La Fenicia. Amo, yo... no hice nada malo... *(Con impaciente brusquedad él palpa sus ropas, que responden con un claro sonido. Busca febrilmente y saca la bolsa bordada. La abre ante las petrificadas miradas de las dos y vuelca en su palma las monedas tirando la bolsa. Pausa.)*

Asaf. *(Furioso.)* ¡Sucia moneda romana! Esos eran los abalorios. *(A la sierva.)* También tú te vendes a los tiranos, ¿eh? Son más ricos que nosotros, ¿verdad? Pagan mejor. *(La zarandea.)* ¡Hambrienta de dinero estás! ¿Qué servicio les hiciste, di?

Noemí. ¡Asaf, no digas eso!

Asaf. ¡Calla, te digo! ¿Qué tienes tú que ver con esto? (Noemí *enmudece, prudente. Él apremia duramente a la sierva, que tiembla.)* ¿Qué diste a cambio, loba? ¡Contesta! ¿Qué pudiste dar tú? ¿Tu cuerpo?

La Fenicia. No, no, amo...

Noemí. Asaf, no...

Asaf. Yaciste con algún soldado piojoso, con algún legionario borracho e impío..., como tú. ¡Azotada serás! ¡Hasta que tus espaldas sean como un árbol rojo, para que no puedas otra vez darlas al suelo, para que no puedan soportar el peso de la inmundicia extranjera! *(La sierva gime.)* Cinco denarios de plata. ¡Mucho te quieren! *(Pausa.)* O elevado es el gentil que te gozó.

La Fenicia. No..., no...

Asaf. *(Sin soltar a* La Fenicia, *repara en la bolsa caída.)* Pero yo conozco esa bolsa. Yo vi antes esa bolsa bordada de cuentas verdes... *(Exaltado.)* ¡Ah, perra!

¡Yaciste con Marcio, el centurión de la torre Antonia![16] ¿Cómo pudiste tú prenderlo, rata escuálida? ¡Lapidada debieras ser, como la adúltera de esta mañana!

LA FENICIA.   ¡Perdón! Yo... (*Suplica a* NOEMÍ *con la mirada.*) Estoy limpia de eso que me atribuyes... ¡No me azotes! Soy una pobre sierva fenicia que sólo sabe obedecer... Te lo juro...

NOEMÍ.   ¡No la escuches! Te contará cualquier infundio. Déjala ir. Es fenicia, ya sabes; acierta a encontrar dinero debajo de las piedras... Dale sus denarios. (*A la sierva.*) Y tú, ¡cógelos y entra! (*A* ASAF, *persuasiva.*) Yo la castigaré.

ASAF.   La bolsa es de Marcio, de ese déspota que oprime al pueblo de Israel... ¡Y ella pagará por él y por todas las que él nos roba!

LA FENICIA.   ¡No, amo, por tu Dios! Yo te explicaré; no soy culpable. Sólo fui una sierva diligente y sólo supe obedecer... siempre. El ama me mandó... (*Enmudece.*)

ASAF.   (*Gritando.*) ¿Qué?

(NOEMÍ *gime ahogadamente.* ASAF *comprende de pronto y se vuelve, despacio, hacia ella, que le mira espantada. Suelta el brazo de* LA FENICIA, *que respira tranquilizada y los observa con curiosidad.* ASAF *avanza unos pasos y su cara va enrojeciendo.* NOEMÍ *lo mira venir, lívida.*)

NOEMÍ.   ¡No! ¡Es falso lo que piensas!

(*Él sigue avanzando. Se le caen los denarios de la mano y* LA FENICIA *los recoge sin dejar de observarles.*)

ASAF.   Tú... ¡Con Marcio!
NOEMÍ.   ¡Asaf, no! (*Va retrocediendo.*) ¡No, amado

---

[16] *Centurión,* jefe de una centuria. *La torre Antonia* dominaba el Templo y servía al procurador romano de Judea para despachar sus negocios, como también el palacio de Herodes. En esa torre, amplia y fuerte, residía la guarnición de Jerusalén.

mío! ¡No pienses eso de tu Noemí, que te adora, que se humilla ante ti!... ¡Asaf, recuerda! ¡Hemos sido felices, lo somos! Aún faltan tres horas para tu partida y tú me quieres y yo... ¡te quiero también! ¡Te deseo!... ¡Te imploro un poco de felicidad, de alegría!... Bésame... (*Ha cruzado el portillo. Con las manos crispadas, él va tras ella.*) ¡No me mires así, Asaf!... ¡No! (*Gritando.*) ¡No!

(*Entra en la casa y él se precipita detrás.* LA FENICIA *recoge la bolsa, mete las monedas y se la guarda. Luego corre a la puerta de la casa y con el rostro surcado por el sabroso escalofrío del horror, que ella degusta con solapada delectación, atisba el interior. Pausa larga.* NOEMÍ *exhala dentro un grito agudísimo. La sierva se estremece y grita también. Después cruza corriendo el portillo y sale desalada por la derecha, gritando. Pausa. Entran por la derecha* MATATÍAS *y* ELIÚ, *que miran la lejana carrera de* LA FENICIA.)

ELIÚ. No se la podía detener... No atiende a nada. ¿Qué hacemos?

MATATÍAS. Algo ha ocurrido. Primero se oyó un grito agudo; más agudo que los de esa loca.

ELIÚ. Más agudo.

MATATÍAS. ¡La cólera del Señor ha debido de aposentarse en esta casa!

ELIÚ. Algún castigo envió Jehová a Asaf.

MATATÍAS. (*Insinuante.*) Acaso por sus burlas de antes.

ELIÚ. Acaso. (*Pausa.*) ¿Le llamo?

MATATÍAS. Sí.

(*Se acercan al portillo.*)

ELIÚ. ¡Asaf! (*Pausa.*) ¡Asaf! (*Pausa. Se miran, temerosos.*) ¿Entramos?

MATATÍAS. ... Llama otra vez.

ELIÚ. ¡Asaf!
MATATÍAS. ¿Ocurre algo, Asaf?

(*Esperan en silencio. Por la derecha entra* GADI.)

GADI. Parecéis cuervos oliendo la muerte.
MATATÍAS. ¡No la nombres!
GADI. ¿Qué ha pasado?
ELIÚ. ¡No sabemos!
GADI. Alguien gritó, ¿no?
ELIÚ. Sí.
GADI. ¿Noemí?

(*Pausa breve.*)

MATATÍAS. Su voz parecía.
ELIÚ. Y él no contesta.

(*Pausa.*)

GADI. Llamemos otra vez.
ELIÚ, GADI. ¡Asaf!

(*Silencio. Siguen escuchando. Después atienden al camino, por donde vuelve* LA FENICIA, *tirando del ropón de* JOAZAR.)

JOAZAR. Suelta, mujer. No me contamines con tus manos.
LA FENICIA. Se cegó... se cegó... Ella era inocente ¡Lo juro! Y yo. También yo era inocente.

(*Todos la rodean.*)

JOAZAR. Dinos lo que pasó.
ELIÚ. ¡Habla!

La Fenicia.   Se cegó... Las dos somos inocentes. Puras y sin mancha.

(Ellos se miran, perplejos.)

Eliú.   ¿Llamamos?

(Se llegan al cercado.)

Gadi, Eliú.   ¡Asaf!... ¡Asaf!...
Joazar.   ¿Podemos entrar, Asaf?

(Pausa.)

Eliú.   ¡Asaf!

(Pausa. En la puerta de la casa aparece Asaf, trastornado, roto. La Fenicia gime suavemente. Él sale muy despacio y cruza el portillo. Le rodean, pero Asaf parece no verlos.)

Joazar.   ¿Qué has hecho, Asaf?
Eliú.   ¿Qué hiciste?
Gadi.   ¿Has golpeado a Noemí?

(Silencio. Asaf se derrumba y, de rodillas, comienza a salmodiar monótonamente.)

Asaf.   Lo sabía..., lo sabía.
Joazar.   ¿Qué sabías?
Matatías.   (Turbado.) Te engañaba, ¿verdad?
Asaf.   (Ausente.) ¿Eh?
Eliú.   ¿Qué sabías, Asaf? ¿Qué sabías?
Asaf.   Él lo sabía.
Gadi.   ¿Quién?
Asaf.   Ése.
Eliú.   ¿El galileo?

ASAF.   Él lo sabía. *(Pausa. Ellos se miran, inquietos.)* Me miró a los ojos, con los suyos, dulces y terribles, y entonces...

ELIÚ.   *(Casi adivinando.)*   ¿Entonces?

ASAF.   Lo escribió.

(Pausa. La sierva escucha intrigadísima.)

JOAZAR.   ¡Dinos lo que escribió!

MATATÍAS.   Tal vez... «¿Cruel?»

(ASAF inicia unos movimientos apenas perceptibles de negación.)

GADI.   «¿Turbulento?»

ELIÚ.   «¿Celoso?»

(Pausa. ASAF inclina la cabeza. Todos esperan, conteniéndose, fija las pupilas en su nuca. Él ahoga un seco sollozo.)

ASAF.   *(Con la voz preñada de la más tremenda fatalidad, que es la que uno mismo se crea.)*   «¡A... se... sino!»

(La sierva se arrodilla también, gimiendo. Los demás se incorporan con los ojos espantados, y el Destino pone su temblor en el grupo antiguo que rodea al hombre vencido.)

TELÓN

Esta obra de Buero no es sólo una tragedia de otros tiempos, un «paso» evocativo de procesión o una estampa piadosa, sino que participa de la actualidad evangélica. Los autores —Nácar y Colunga— de la primera traducción completa de la Biblia al español hecha directamente del griego y el hebreo —Biblia de gran circulación en los años cuarenta—, sugieren que Jesús escribe algo en la arena que «leído por sus interlocutores, los ahuyenta». El gran acierto de Buero es imaginar y sacar a luz esas palabras posibles en un contexto dramático. Los detalles históricos de la ambientación son exactos —como es norma casi general en el teatro de Buero— y, pura conjetura, podrían tener su fuente en la extensa y documentada *Vida de Jesucristo,* de Giuseppe Ricciotti, que alcanzó tres ediciones del año 1944 al 1948.

Las palabras que imagina Buero no son (aunque pudieran serlo) las de Jesús y, por lo tanto, habría sido más lógico titular la obra *Palabras en la arena* (éstas o aquéllas; las que sean). Pero dudo que en persona tan repasadora y consciente como Buero, el determinante *Las* no indique más que el hallazgo (éstas fueron) o mueva sólo a evocación: Aquellas palabras (tan conocidas —y desconocidas—) que se escribieron en la arena.

Recordemos los tiempos de la inmediata —y larga— Posguerra y la situación dramática del ex condenado a muerte que era el autor. Oigamos ahora unas palabras de Asaf en su obra: «¡Siempre perdonar! Pero perdonando no puede haber familia, ni mujer segura, ni hijos obedientes, ni Estado, ¡ni nada!»

Que perdonando no pueda haber Estado, nos aproxima a los que buscamos. ¿Qué palabra del Galileo le corresponde a Asaf?: Asesino. No sabemos si lo era antes; ahora lo es. ¿Quién es Asaf? Un militar, el único en la obra; al romano Marcio no le conocemos. Y el que mata es, moralmente, el vencido, por vencedor que sea: leamos la acotación final. Es mucho más probable que un militar esté dispuesto a matar o haya matado antes: no está libre de culpa, pero no tolera la culpa en los demás. El culpable castiga a otro culpable: tira la primera piedra.

Las palabras en la arena o, lo que es igual, las palabras en la plaza, la palestra, el ruedo ibérico. Las palabras que *fueron* y que todavía *son.* Ahí están, en la arena, rodeadas de público: el ladrón de los dineros de los pobres, el corruptor, el hipócrita y lujurioso, el sacerdote ateo... Quien tenga ojos para ver, que vea.

La obra apunta, además, un tema dramático del mayor interés. Noemí es, sin planteárselo y a su modo, «colaboracionista»; no sólo incurre en adulterio, sino que lo comete —y dobla el delito— con un extranjero, un extraño: *Hospes, hostis*. La Fenicia, fámula emigrante, tan ávida del peculio liberador, tan despegada de donde vive y labora, también lo es. Y foráneo es Jesús, «el Galileo», al que niegan el título de Rabí, Hijo de David o Mesías, «pues ya se habían concertado los judíos en que, si alguno le reconociera por Mesías, fuese expulsado de la sinagoga» (Juan, 9, 22). Ignoraban que había nacido en Belén, pero no de dónde venía, que no era Judea, bastión de los «elegidos».

Con descaro o en la salsa pálida de la hipocresía, racismo y xenofobia sobreviven aún en naciones que pasan a veces por modelo y se arropan en símbolos cristianos.

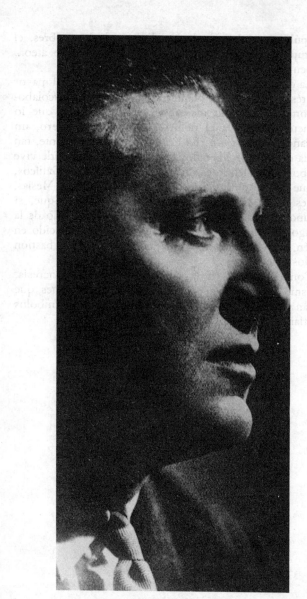

Joaquín Calvo Sotelo

Cuando llegue el día

Comedia estrenada el 16 de junio de 1952 en el teatro Español, de Madrid, con el siguiente

REPARTO

ENCARNA:	Elvira Quintillá
PAULA:	María Francés
MARTA:	Julieta Gil
LANUZA:	Rafael Calvo Revilla

ACTO ÚNICO

La escena representada una elegante sala de estar en la casa de una familia acomodada. Manos femeninas parecen cuidarla con especial ternura. Hay profusión de flores, algunos retratos... La sala es alegre y adornada en colores claros. Una puerta al foro lleva a la calle. Dos más, una a cada lado, en primer término, a las habitaciones interiores.

(Al levantarse el telón doña PAULA CÓRDOBA aparece por el foro. Es una señora de edad, pero de muy buen porte. Llega, en este justo instante, de hacer sus compras. Una doncella, ENCARNA, le sigue. Doña PAULA trae varios paquetes en las manos.)

ENCARNA.   ¿Y viene usted con esta carga por la calle, señora?

PAULA.   Al placer de ir de compras ha de sumarse el de traerlas a casa.

ENCARNA.   Pero tantos paquetes... Démelos ahora, si eso no le quita ilusión...

PAULA.   No, ya no. Pero imagínate que hubiera tenido que esperar a que me los mandaran... Un paquete llegaría a las cuatro, otro a las cinco, otro a las siete y otro mañana... Así, ya reuniditos, voy a pasarles revista como un general. También a los generales, dicho sea de paso —y yo de eso sé mucho porque mi marido lo era—, les gusta formar a sus regimientos y revisarlos completos y no soldado a soldado. ¿Entiendes, Encarna?

ENCARNA.   Sí, señora.

PAULA.   Comienza la revista: fuerzas de Infantería. Mira, unas chinelas para la señorita Marta. Las vi en el escaparate y me sedujeron. No sé si le sentarán bien. Las he traído con la condición de devolverlas si le aprietan.

Segundo paquete: fuerzas de la Armada; bueno, éstas desfilan siempre primero, pero hoy, en segundo lugar. Un traje de baño para la pequeña de los porteros que se va a Santander con las colonias infantiles. Tercero, Ingenieros: unos tirantes para mi yerno. Tengo la impresión de que le hacen mucha falta. Y colorín colorado.

ENCARNA.   Aún le quedan muchos paquetes más, señora.

PAULA.   Ah, sí, bueno... Pastelillos de crema, un poco de queso, unos bombones... La Intendencia, Encarna, que siempre desfila la última, aun cuando yo creo que debía desfilar la primera. Has de distribuirlos con arreglo a su condición o en la cocina, o en mi cuarto.

ENCARNA.   Muy bien.

PAULA.   ¿Pasó algo mientras estaba fuera...?

ENCARNA.   No...

PAULA.   ¿Hubo alguna llamada?

ENCARNA.   *(Dudosa de si decir la verdad o no.)*   Pues...

PAULA.   ¿Qué sucede, Encarna? ¿Quién llamó?

ENCARNA.   El señor Lanuza.

PAULA.   ¿Por quién preguntó?

ENCARNA.   ¿Por quién va a ser? Por la señorita Marta.

PAULA.   ¿Y qué respondió usted?

ENCARNA.   Lo que ella me tiene mandado: que no podía ponerse al aparato.

PAULA.   Muy bien. ¿Y él...?

ENCARNA.   Que volvería a llamar más tarde.

PAULA.   Qué insistencia... Y el señor, ¿se ha enterado?

ENCARNA.   No... Estaba en su cuarto... Ni oyó siquiera la llamada.

PAULA.   Ya...

ENCARNA.   ¿Deseaba algo más la señora?

PAULA.   Nada, nada...

(ENCARNA *se marcha por la izquierda. Entonces llega* MARTA *por la derecha.* MARTA *tiene alrededor de los veintiséis años. Es bellísima. Viste un traje de casa. Trae puestas unas gafas de sol. Se detiene en el umbral de la puerta.)*

MARTA. ¿Cómo estás, mamá?
PAULA. *(Avanza hacia ella.)* Hola, hijita.

(La abraza. Después le acompaña hacia el sofá en el que MARTA, *risueñamente, se sienta.)*

MARTA. ¿Por dónde has andado, madre descastada?
PAULA. ¿Descastada? Qué cosas hay que soportar...
MARTA. Media tarde danzando de un lado para otro. He oído las siete hace un rato. Y tú, fuera.
PAULA. Sí, pero preocupándome de ti y de tus asuntos, hija ingrata. Y de los de tu marido.
MARTA. ¿Compras?...
PAULA. Claro que sí.
MARTA. *(Con una bondadosa ironía.)* ¿Es un sacrificio muy grande para ti ir de compras, madre?
PAULA. Mujer... sacrificio...
MARTA. ¿No es lo que más te gusta en el mundo?...
PAULA. Tanto como eso...
MARTA. Conste que sé muy bien que, aunque te aburriera, lo harías encantada por ahorrarme trabajo. Pero no me hables con ese aire de mártir porque no lo encuentro adecuado.
PAULA. Muy malicioso está el día, Marta.
MARTA. Sí, sí... Lo que sucede es que a nadie le agrada que le descubran las trampas...
PAULA. Bueno, bueno... ¿Acabaste de reñirme?
MARTA. *(Tiernamente.)* Sí, madre...
PAULA. *(Tras una pausa.)* ¿Y Patricio...?
MARTA. En su cuarto... Hoy cantaban «El Caballero de la rosa» en Viena y no quería perdérselo...[1].

---

[1] *Der Rosenkavalier*, ópera, con famosos valses, del compositor alemán Ricardo Strauss (1864-1949), estrenada en Dresden en 1911. El libreto es del poeta y dramaturgo austríaco Hugo von Hofmannsthal (1874-1929).

PAULA. Pues la radio no andaba muy católica ayer. Quise oír una comedia y no pude.

MARTA. Tal vez la culpa fue de la emisora y no del aparato receptor.

PAULA. Tal vez. Te advierto que en la vida es muy frecuente eso de que se le achaquen a uno culpas de otro. Por ejemplo: Fulanito se ha fugado con Fulanita. Y siempre la culpa se carga en cuenta a Fulanito. Y ya he conocido yo más de un caso en el que la culpa era de Fulanita...

MARTA. Esto es: de la emisora.

PAULA. Y dicho sea de paso, Marta... ¿Sabes quién llamó al teléfono?...

MARTA. (*Visiblemente turbada.*) No...

PAULA. El señor Lanuza. ¿No te lo dijo Encarna?

MARTA. Ah, sí... me había olvidado. (*Transición.*) ¿Tú conoces «El caballero de la rosa», madre?

PAULA. Lo oí hace tiempo...

MARTA. ¿Te acuerdas de los valses...?

PAULA. No sé.

MARTA. Estoy todo el día pretendiendo recordarlos y sin conseguirlo... Y cómo me enervan esos fallos de la memoria... ¿En qué rincón del cerebro se ocultan los temas olvidados y qué policías son los que los descubren?...

PAULA. No lo sé, ni me preocupa, Marta.

MARTA. Has andado horas y horas tras ellos, inútilmente... Y de pronto, cuando menos lo esperas, te sorprendes tarareándolos... (*Se esfuerza por atrapar el tema perdido.*)

PAULA. ¿Y se puede saber para qué llamó el señor Lanuza...?

MARTA. Cualquiera lo averigua. ¿Dónde oíste tú «El caballero de la rosa»?

PAULA. Un año, en Barcelona, en vida de tu padre.

MARTA. Tú le arrastrarías, porque él era muy poco aficionado a la música.

PAULA.   Sí, muy poco... ¿Y es que el señor Lanuza va a estar telefoneando a cada toque de oración?

MARTA.   Huy, mamá, por Dios... Mayor de edad es... *(Tararea un tema cualquiera, aunque sin éxito.)* Nada, los valses se han volatilizado definitivamente. Es imposible dar con ellos.

PAULA.   *(Con seriedad.)* Escucha, Marta. Llevamos conversando un rato por el método Ollendorf[2]. Basta de evasivas, Marta. El señor Lanuza viene desde hace varios días preguntando por ti al teléfono. Yo misma he recogido alguna de sus llamadas. Me agradaría que me explicaras quién es el señor Lanuza y qué es lo que desea de ti.

MARTA.   No tengo ni la menor idea, madre.

PAULA.   Me perdonarás si no te creo.

MARTA.   Eres muy dueña...

PAULA.   ¿Quieres darme a entender que ni siquiera le conoces?

MARTA.   Bueno, eso sí...

PAULA.   ¿Y quién es?

MARTA.   Es un médico... En el teléfono le quitan el doctor, pero es el doctor Lanuza.

PAULA.   ¿Y cuándo le conociste?

MARTA.   Cuando estuvo aquí miss Margaret, de paso para Londres, fue a visitarle y yo la acompañé porque apenas si hablaba español.

PAULA.   Ya. ¿Cuándo, entonces?

MARTA.   Hace un mes, aproximadamente.

PAULA.   Y él, ¿cómo sabe quién eres tú?

MARTA.   Margaret me presentó.

PAULA.   ¿Y el número del teléfono?...

MARTA.   Ay, eso ya no es de mi incumbencia, madre... Pero lo habrá buscado, digo yo... Y no creo que haya muchos que se llamen como nosotros...

PAULA.   ¿Y tú le dijiste que eras casada?

---

[2] *El método Ollendorf,* método para aprender idiomas famoso por la falta de hilación, en sus ejercicios, entre preguntas y respuestas.

MARTA. *(Risueña.)* De eso no se habló, madre...
Claro que, según tengo entendido, las casadas son señoras; las solteras, señoritas, ¿no es así? Si el doctor Lanuza
oyó decir: «Señora de Navas», tal vez haya supuesto que
yo no era una muchacha soltera...

PAULA. Entonces, ese doctor es un osado...

MARTA. ¿Por qué, mamá?...

PAULA. ¿Necesitaré explicártelo? ¿Qué te sucede hoy,
Marta, que todo lo echas a broma y que pareces no
concederle importancia ni a Sevilla ni al Gualdalquivir?...

MARTA. *(Súbitamente seria.)* Nada, mamá. Te juro
que no tengo motivo ninguno de risa...

PAULA. Siendo así, convendrá que te preocupes un
poco de esas llamadas impertinentes y que hagas lo
preciso para que cesen.

MARTA. ¿Cuál crees que es mi deber?...

PAULA. ¿Necesitas que te lo explique?...

MARTA. Por de pronto, madre, yo no he contestado
a ninguna. ¿Te parece bien?

PAULA. ¿A ninguna?

MARTA. Miento. A la primera, sí.

PAULA. ¡Ah!

MARTA. Era elemental, me parece, ¿no?

PAULA. Mujer... sí. ¿Y qué dijiste?

MARTA. *(Con una leve ironía.)* Me informé de lo que
el doctor Lanuza pretendía y, muy finamente, me negué.

PAULA. ¿Y qué pretendía?

MARTA. Misterio.

PAULA. Escucha, hija... Tú no te das cuenta muy
exactamente del mundo que te rodea. Hay muchachas a
las que conviene quitarles vanidad y otras a las que hay
que añadírsela. Tú, por fortuna, perteneces a este segundo grupo. Digo por fortuna, primero, porque la modes-
tia siempre es menos ridícula que la presunción, y segundo, porque quitar es mucho más difícil que añadir. En
consecuencia, yo debo llamar tu atención sobre una
realidad, y es que eres una muchacha, Marta, bonita

como un sol e interesante como una novela... ¿Comprendes, hija?... Así, pues, cuidado con los donjuanes, si es que hay alguno tan vil que se atreve a serlo contigo, y ahuyéntalos, Marta.

MARTA. *(Se ríe, como a pesar suyo.)* Esta bien, madre...

PAULA. ¿De qué te ríes?...

MARTA. De que atribuyes al doctor Lanuza unas intenciones que no ha tenido nunca.

PAULA. ¿Le has leído el pensamiento?

MARTA. No, madre; eso, no...

PAULA. ¿Qué edad tiene el tal doctorcito?...

MARTA. Margaret me dijo que algo menos de los cuarenta... Sí, es la edad de su voz...

PAULA. No es una edad de retiro, ciertamente...

MARTA. Pero madre, aunque tuviera veinticinco... ¿Crees que no inspiro respeto ninguno?...

PAULA. Si no se trata de eso, Marta... Es que tienes... no sé cómo explicártelo, tanto misterio... Te rodea una atmósfera... tan singular...

MARTA. Ay, madre... El doctor Lanuza muerto por mis pedazos y enloquecido haciéndome el amor... ¿Es así lo que supones?...

PAULA. Calla, calla, hija...

(ENCARNA reaparece por la lateral de su mutis.)

ENCARNA. Señora... *(A MARTA, un poco vacilante.)* Preguntan por usted al teléfono...

MARTA. *(Sencillamente.)* ¿Quién?

ENCARNA. El señor Lanuza.

MARTA. Entonces, ¿es que has olvidado lo que te ordené para cuando llamase?

ENCARNA. No, señorita. Yo contesté lo que me tiene encargado: que no estaba usted en casa. Las otras veces colgaba, como si se lo creyera.

MARTA. ¿Hoy no?

ENCARNA.   Hoy me preguntó si no habían entregado al señor una carta suya.

PAULA.   ¿Al señor?...

ENCARNA.   Sí... Usted ya sabe, señorita, que él ha preguntado por el señor bastantes tardes.

PAULA.   Pero, Marta, ¿Qué significa todo esto?

MARTA.   Calla, mamá.

PAULA.   ¿Y por qué no le avisó usted cuando le llamaban?

ENCARNA.   La verdad, señora...

MARTA.   Yo le prohibí que le transmitiera su recado.

PAULA.   ¿Y por qué razón?

MARTA.   Alguna habré tenido que me lo aconsejara, ¿no, mamá?...

PAULA.   Y esa carta, ¿dónde está? ¿Por qué no nos la entregó antes?

ENCARNA.   Yo no la recibí, señora, sino Matilde, la cocinera. Salió a abrir cuando yo no estaba, y después... se le olvidó... Y aquí está la carta, sin entregar... Llegó ayer...

PAULA.   Démela. *(Encarna va a dársela.)*

MARTA.   No, mamá. ¿A quién viene dirigida la carta?

PAULA.   Al señor Navas...

MARTA.   Dámela, mamá.

PAULA.   Marta, aquí sucede algo extraño... ¿Qué es lo que me ocultas?...

MARTA.   Perdóname, mamá. Nada que te concierna.

PAULA.   Quiero leer esta carta. *(Se dispone a abrirla.)*

MARTA.   Te lo prohíbo, mamá.

(Se pone en pie. Hace ademán de avanzar hacia ella, pero titubea, sin una orientación muy precisa. Su mano quiere establecer contacto con PAULA, *pero* PAULA *no se encuentra en su camino. Ahora, por vez primera, puede sospecharse si* MARTA *no será ciega.)*

PAULA.   *(Tras una pausa embarazosa.)*   Estás en tu derecho, hija.

MARTA.	¡Dame la carta!

PAULA.	Aquí la tienes.

(MARTA *coge la carta y la rompe en cuatro pedazos.*)

MARTA.	Encarna.

ENCARNA.	Mándeme, señorita.

MARTA.	Tome, tire estos papeles. (ENCARNA *los recoge de su mano.*)

ENCARNA.	Sí, señorita.

MARTA.	En el caso de que volviera a telefonear el señor Lanuza, usted le dice que entregó la carta a su destinatario y que ruega encarecidamente, de su parte, que no telefonee más.

ENCARNA.	Muy bien, señorita. *(Hace mutis por la izquierda.)*

PAULA.	¿Es que sabes lo que decía la carta?...

MARTA.	Tal vez.

PAULA.	Pero tu marido, no.

MARTA.	Naturalmente que no.

PAULA.	¿Y tú crees que es correcto interceptar una carta dirigida a tu marido?...

MARTA.	Sí. He obrado como debía.

PAULA.	Allá tú, Marta. Siento mucho no compartir tus puntos de vista. A mi entender, te has conducido... mal.

MARTA.	Mamá, sé de sobra lo que me hago... Ya no soy una niña pequeña.

PAULA.	Te equivocas, Marta. Tú... nunca podrás dejar de ser una niña pequeña.

(*A* ENCARNA, *que regresa por la lateral de su mutis.*)

Encarna, ayúdeme, haga el favor.

ENCARNA.	Sí señora.

PAULA.	Llévese estas cosas.

ENCARNA.	Sí señora.

(ENCARNA *hace mutis, de nuevo, por la izquierda.*
PAULA, *a su vez, inicia el mutis tras ella.*)

MARTA. *(Acongojada.)* ¿Te vas?... *(Se pone en pie.)*
PAULA. Sí... ¿Deseas algo?

(MARTA *avanza hacia ella con las manos extendidas,
un poco desorientada, aunque evitando todo patetismo
superfluo a sus movimientos.*)

MARTA. Sí, que no te marches enfadada.
PAULA. Ajá... Comprendes que me has dado motivos
para que lo esté.
MARTA. No, madre; tengo la conciencia tranquila,
pero presiento que te has disgustado y eso me duele.
PAULA. No te preocupes, Marta...

(Y parece afirmarse en la decisión de su mutis.)

MARTA. *(Con una mezcla de ternura y de resolución como
si suplicara muy tenuemente y a la vez mandara con
firmeza.)* Mamá: antes de que pasen diez segundos
necesito que me hagas un mimo...
PAULA. *(Sin ceder por completo.)* Anda, anda...
MARTA. *(Con la máxima sencillez.)* Mamá, que te lo
digo de verdad.

*(Y adelanta unos pasos, en su busca. PAULA le coge la
barbilla y se la sacude graciosamente.)*

PAULA. ¿Como éste?
MARTA. Sí. (PAULA *hace mutis.*)

(MARTA *se sienta en el extremo opuesto de la escena.*
ENCARNA *vuelve a salir por la izquierda, camino del
foro. Cuando ya está a punto de marcharse, la voz de*
MARTA *la detiene.*)

¿Quién es...? ¿Es Encarna?...

ENCARNA. Sí, señorita. ¿Desea algo de mí?

MARTA. ¿Qué hace la señora?

ENCARNA. Ha quedado en su cuarto, arreglándose un poco.

MARTA. ¿Por qué me habló de esa carta delante de ella, Encarna?

ENCARNA. Señorita, yo...

MARTA. Hay que tener tacto...

ENCARNA. Calle, no me riña, señorita, que nadie siente más que yo lo sucedido. Cuando reparé ya era tarde...

MARTA. No te apures, mujer. Tal vez la culpa no es tuya... ¿A quién iba a ocurrírsele que pasara esto?

ENCARNA. Le pido que me dispense.

MARTA. Escucha, Encarna, ¿dónde echaste la carta?

ENCARNA. Ahí mismo, en el cesto. ¿Quiere que la recoja?

MARTA. Sí... haz el favor... (ENCARNA *le obedece.*) ¿Está muy rota?...

ENCARNA. No, en cuatro pedazos... ¿Desea que...?

MARTA. ¿Guardarías el secreto, Encarna?

ENCARNA. Por Dios, con alma y vida.

MARTA. Mira que se trata de algo muy importante.

ENCARNA. Cuente conmigo.

MARTA. Pues entonces, Encarna... Intenta... ¿quieres?...

ENCARNA. Sí...

(ENCARNA *coloca los pedazos de la carta sobre la mesa, como si fueran las piezas de un puzzle.*)

MARTA. *(Se levanta y se le acerca.)* ¿Cómo está escrita, a mano o a máquina?

ENCARNA. A mano...

MARTA. *(Burlona.)* Mala suerte, ¿eh, Encarna?

ENCARNA. No, tiene buena letra.

MARTA.   Lee, entonces.

ENCARNA.   Este trozo es muy grande. Pero no el primero. Un renglón dice: «... versas oportunidades la ocasión de cam...».

MARTA.   Diversas debe de querer decir. Diversas oportunidades la ocasión de cam... De cam... ¿De «cambiar», acaso? A ver el otro renglón.

ENCARNA.   «... tuna de ver realizados mis pro...».

MARTA.   Fortuna, tuna, quiere decir, fortuna de ver realizados mis proyectos o mis propósitos... Sigue, sigue...

ENCARNA.   «... cindible que le hable sin pérdida de mo...» Ay que lío, señorita. Aguarde, aquí está el otro trozo. «Es imprescindible que le hable sin pérdida de mo...» Y aquí el que nos faltaba: «... de momento. Comprenderá que cuando me he resuelto a dirigirme a usted es por un motivo serio y fundamental que le expondré verbalmente, en la confianza de que usted me escuchará sin perjuicios...» Dice prejuicios, pero se nota que es que ha puesto mal la erre. «Así, pues, de no recibir orden en contrario, mañana, a las siete en punto, tendré el honor de visitarle en su domicilio, y confío que, de serle posible, sin que su mujer asista a nuestra conversación, para no hacerla violenta...»

MARTA.   Jesús...

ENCARNA.   Suyo..., ay, que no entiendo, afmo... ¿Qué es afmo, señorita...?

MARTA.   Calla, Encarna...

ENCARNA.   ... quesm...

(Pronuncia como si constituyera una sola palabra las iniciales de la formularia despedida: que estrecha su mano.)

Ay, ha de ser francés o inglés, señorita...

MARTA.   ¿Qué letras son?

ENCARNA.   Una *q,* una *e,* una *s* y una *m...* Quesm...

MARTA. *(Alarmadísima.)* Escucha: ¿trae fecha la carta?

ENCARNA. Hay unos números, pero yo no sé si...

MARTA. ¿Qué números son?

ENCARNA. Primero, un 5; después, un 4, y después, un 4 y un 9, pero separados unos de otros con unos rengloncitos...

MARTA. Claro mujer..., 5 de abril de 1949. Encarna... *(Con alarma creciente.)* Y hoy es...

ENCARNA. Seis, todo el día.

MARTA. ¿Y qué hora, Encarna?

ENCARNA. *(Abrumada por la desazón de MARTA.)* Acaban de dar las siete...

MARTA. Ay, Dios mío... ¿Qué puedo hacer yo? Va a venir, no hay duda... Qué mala suerte la de la carta... ¿Por qué no habré sabido a tiempo...?

ENCARNA. Si puedo ayudarle en algo, señorita, con alma y vida...

MARTA. Calla, calla, Encarna.

(Suena, a cierta distancia, el timbre de la puerta.)

¿No llaman...?

(PAULA aparece por la lateral izquierda sin que MARTA lo advierta. ENCARNA está a espaldas de esa lateral.)

ENCARNA. Sí...

MARTA. Es él, no hay duda, es él... Mira, Encarna, vas a abrirle y a decirle que el señor ha leído su carta y que lamenta mucho no poderle recibir. ¿Comprendes? Y que no hay nadie en casa, que hemos salido todos...

ENCARNA. No se preocupe, señorita. Cuente conmigo.

MARTA. La carta, Encarna... Dame los trozos...

ENCARNA. Tómelos.

(*Deshace el puzzle y entrega sus piezas a* MARTA, *que se las guarda en el bolsillo. Inicia el mutis por el foro, pero la voz de* PAULA *la detiene.*)

PAULA.   Encarna, quédese aquí. A quien llame, le abriré yo misma.

MARTA.   ¡Mamá! Yo te suplico, por lo que más quieras...

PAULA.   Es inútil, Marta. Hay que resolver las cosas de una vez, y yo deseo ya saber a qué atenerme.

MARTA.   Imagínate que ese señor fuera, en efecto, un osado, mamá, como tú dices, que me estuviera persiguiendo indignamente, y que hubiera llevado su audacia hasta venir a mi propia casa a visitarme.

PAULA.   El corazón me dice que no se trata de nada de eso. Pero, aunque así fuere, mayor razón todavía para echarle en cara su conducta y poner punto final a esta situación lamentable.

MARTA.   Mamá, hazme caso...

PAULA.   No, resueltamente, no. Vaya usted, Encarna. Si es el señor Lanuza, que pase; yo le recibiré. (ENCARNA *titubea.* PAULA, *autoritaria.*) Le he dicho que le abra...

(*Ya no es posible desobedecer más tiempo.* ENCARNA *hace mutis por el foro.*)

MARTA.   Es terrible, mamá; yo te lo aseguro...

PAULA.   Bueno, bueno, no lo será tanto, se me ocurre...

MARTA.   No quiero estar aquí, me marcho.

PAULA.   Eso es ya diferente, Marta. Sal conmigo.

MARTA.   Prométeme ocultarle a Patricio...

PAULA.   Tranquilízate, Marta, nada tienes que temer de mí...

(*Y hacen mutis las dos por la derecha. Hay una pausa de dos o tres segundos.* ENCARNA *regresa por el foro.*

Precede al doctor LANUZA. *El doctor* LANUZA *es un hombre joven, de unos treinta y cinco años y de atractivo aspecto. Viste con sencillez, sin afectación ninguna.)*

ENCARNA.   Tenga la bondad de aguardar.

(Y se marcha por la izquierda. Deshace su mutis y camino de la derecha le dice:)

Un momento, señor.

(Mutis por la derecha. Casi instantáneamente, PAULA *aparece en el umbral de la derecha.)*

PAULA.   Buenas tardes.

LANUZA.   Buenas tardes, señora. Soy el doctor Lanuza.

PAULA.   Celebro conocerle... Siéntese, le suplico.

LANUZA.   Encantado. *(Se sienta, en efecto.)*

PAULA.   Usted me dirá a qué debo el honor de esta visita.

LANUZA.   Verá usted, señora. Yo deseaba hablar con el señor Navas.

PAULA.   No se encuentra en casa. Salió hace ya un rato...

LANUZA.   Y... ¿tardará mucho en regresar?

PAULA.   Posiblemente...

LANUZA.   Yo le había escrito una carta...

PAULA.   Sí...

LANUZA.   Anunciándole mi visita para el caso de que no me diera orden en contrario. Por si hubiera surgido algún obstáculo, llamé al teléfono hace unos momentos. Nada me dijeron y yo contaba con que... me recibiría...

PAULA.   Lamento mucho lo sucedido y que se haya tomado una molestia inútil. ¿Era estrictamente personal lo que tenía que decirle usted al señor Navas?

LANUZA.   Casi, sí...

PAULA. ¿Era al señor, o a su esposa, a la que usted deseaba visitar...?

LANUZA. No, no; ahora, al señor.

PAULA. Ah, ahora... Antes, no.

LANUZA. En efecto... He procurado en varias ocasiones hablarle a ella. Sólo, ante su negativa, he decidido hacerlo a su marido.

PAULA. ¿Y no cree usted que las mismas razones que haya tenido ella para negarse a hablar con usted, pueda tenerlas él?

LANUZA. Mire usted, señora: yo soy un hombre de conciencia y, si deseo hablar unos momentos con el señor Navas, es porque lo considero mi deber. Yo he de procurar cumplirlo por encima de todo. Si su negativa a recibirme se sigue manteniendo con la misma extraña tenacidad que hasta hoy, yo me retiraré a mis trabajos de siempre, sin comprender nada, desde luego, si bien absuelto de toda responsabilidad moral.

PAULA. Pero ¿a quién le concierne lo que tiene usted que decir? ¿Al señor Navas, o a su mujer?

LANUZA. A su mujer.

PAULA. ¿Y a la madre de su mujer no podría decírselo usted?

LANUZA. Con la condición de que no me quitara la libertad de repetírselo a él.

PAULA. Yo soy la madre de Marta Navas. Sépase de una vez qué le trae a esta casa, y cuente con que, si el motivo de su visita lo vale, yo seré quien le haga llegar hasta mi yerno.

LANUZA. Pues, escúcheme y juzgue usted por sí misma. Hace un mes y pico conocí a su hija. Vino a mi clínica, por casualidad, y acompañando a miss Margaret Gain. Esta señorita no sabía español y su hija se prestó a servirla de intérprete.

PAULA. Sí, eran amigas desde hace muchos años.

LANUZA. Miss Margaret había perdido sus gafas y no llevaba la fórmula de los cristales que necesitaba para las nuevas. Se iba a la mañana siguiente y pretendía resolver el problema que aquella pérdida le planteaba con la mayor premura posible. Uno de mis ayudantes se ocupó de atenderla. Mientras le graduaba la vista, yo conversé unos momentos con su hija. A un profesional —y de mi especialización por añadidura— su hija debía interesarle. ¿No es así...?

PAULA. Sí, así es.

LANUZA. Una muchacha de su juventud, de su belleza, de su finura, bajo la pesadumbre de esa espantosa tara... Me sentí conmovido. ¿Le sorprende, señora?

PAULA. En absoluto.

LANUZA. Bien. La invité a que se dejara reconocer, por curiosidad del oficio. Y ella accedió, bromeando. Advertí, entonces, que su hija tenía un envidiable carácter y un sentido de humor maravilloso. Como me dijo que su desgracia era congénita, yo la examiné en la creencia de que me hallaría ante un caso, como tantos otros, de atrofia óptica. Mi reconocimiento no fue muy prolijo, porque no necesitaba serlo. Me bastaron muy pocos segundos para diagnosticar su dolencia. Cuando me hube cerciorado de que no había error ninguno en mi diagnóstico, se lo dije a su hija en muy pocas palabras. Esas palabras ya las he pronunciado yo ante algunas pacientes. Tengo formada una pequeña experiencia sobre los efectos que producen. Al oírlas he visto llenarse de luz, anticipadamente, algunos rostros, palidecer otros, estremecerse todos...

PAULA. *(Casi sin modular.)* ¿Qué palabras son...?

LANUZA. Estas, muy sencillas: Usted puede recuperar la vista...

PAULA. ¿Le dijo eso a mi hija?

LANUZA. Sí... No se inmutó siquiera. Se limitó a preguntarme: «¿Está usted seguro...?» Yo le respondí que sí, con la mayor firmeza. Y no sucedió más.

PAULA. ¿Cómo es eso?

LANUZA. Sí, en ese justo momento, mi ayudante

regresaba con miss Margaret. Su hija me apretó el brazo un momento y me dijo: «Cállese ahora, por lo que más quiera. Yo vendré mañana...» Callé. ¿Qué otra cosa podía hacer? Y esperé al día siguiente. Y el otro. Y muchos más.

PAULA.   Mi hija no volvió.

LANUZA.   Justo. Pero yo no podía apartar de mi memoria la imagen de aquella muchacha, a la que había ofrecido un paraíso y a la que le parecía indiferente conseguirlo. Entonces, empecé a buscarla.

PAULA.   ¿Por dónde?

LANUZA.   La describí, tal y como la había conocido, a varios compañeros, a varios amigos... Ninguno me daba razón de ella.

PAULA.   ¿Nunca pensó que se hubiera puesto enferma y que, por esta causa, no le visitara?

LANUZA.   Comprendo que era una hipótesis que debía tomar en cuenta. Sin embargo, yo tenía la seguridad de que ahí no estaba la clave de su silencio. Al fin, se me ocurrió una idea. Como supuse que miss Margaret Gain debía ser conocida en su Consulado, fui a él para ver si me daban sus señas de Inglaterra. Me las proporcionaron, al cabo de unos días. Entonces yo escribí a miss Margaret, pidiéndole las de su hija, con un pretexto banal. La contestación me llegó hace dos semanas. Tres minutos más tarde, yo llamaba a su hija por teléfono. El resto, ya lo sabe usted. (PAULA *se ha impresionado visiblemente.*) Sé que la estoy causando una emoción enorme, como es lógico, y sólo me consuela el pensar que, en definitiva, es una emoción alegre.

PAULA.   Gracias, doctor. No se preocupe... Pero, dígame, ¿a usted, no le cabe duda ninguna sobre la curación de mi hija?

LANUZA.   Ninguna. Se lo explicaré. Su hija padece la enfermedad de Marfan[3]. Es muy rara. En toda nuestra

---

[3] *Marfan,* Antonin-Bernard-Jean (1858-1942). Médico francés, uno de

literatura médica sólo hay pocos casos. Es una enfermedad de tipo degenerativo, que provoca una luxación[4] del
cristalino, una especie de catarata infantil. Su hija, ¿nació
ciega?

PAULA.   No lo sé, doctor. Advertimos que no veía
algún tiempo después.

LANUZA.   Tal vez vio hasta entonces.

PAULA.   ¡Dios mío...! Y ¿cómo es posible que nadie
se diera cuenta de esto antes?

LANUZA.   No se extrañe, señora. Suelen acompañar, si
acaso, a esa dolencia algunas levísimas deformidades de
los huesos de la mano, que su hija ni siquiera acusa. En
esas circunstancias, nada tiene de extraño que la enfermedad de su hija haya escapado a todo diagnóstico anterior.

PAULA.   ¿Y puede curarse?

LANUZA.   Sin duda alguna. Y, créame, que el que un
médico hable tan rotundamente, tiene cierto valor. Le he
dicho que era como una catarata infantil... No hay riesgo
ninguno en operar de una catarata. ¿Comprende, usted,
por qué deseo hablar con su hija?

PAULA.   Sí, sí, doctor...

LANUZA.   Cuando advertí cómo su hija se negaba
sistemáticamente a que yo la visitara, me quedé perplejo,
se lo juro. No adiviné, entonces, ni sospecho, ahora,
tampoco, las causas de su actitud. Tras de meditarlo
mucho, me decidí a hablar con su marido, al que no
tengo el gusto de conocer personalmente. Comprendí,
bien pronto, que su hija hasta a eso se oponía. Ni una
sola de mis llamadas telefónicas le cursaron. Una conjetura misteriosa le mantenía fuera de mi alcance. Ayer le
mandé una carta, anunciándole mi visita. Hoy, telefoneé
para enterarme de si se le había dado mi carta, y me
respondieron de un modo confuso. Por último, me resol-

---

los más grandes pediatras de su tiempo. Describió la paraplejía espástica
progresiva en la lúes hereditaria y un síndrome diftérico, a los que dio su
nombre.

4   *Luxación,* dislocación.

ví a afrontar de cara la situación, y aquí me tiene. Le recordaré que, cuando comenzamos nuestra entrevista, me prometió, si el motivo lo justificaba, ser usted misma quien me hiciera llegar hasta su yerno. ¿Cree usted que hay razones suficientes para que le hable, señora?

PAULA. Sí, doctor. ¿Quién lo duda...? Pero yo no podía sospechar, ni por lo más remoto, el motivo de su visita.

LANUZA. Y ahora que ya lo sabe...

PAULA. Pues, ahora..., lamento sinceramente tener que decirle, doctor, que, sin hablar antes con mi hija, yo no seré quien mueva una mano para que usted vea a su marido.

LANUZA. (Con un punto de irritación.) Entonces, ¿estoy entre locos?

PAULA. Admito que no le faltan razones para suponerlo así.

LANUZA. Yo aseguro que la operación no es peligrosa, le añado que hay noventa y nueve probabilidades de que salga bien. Sin embargo, resulta que hay que pedir la venia a su yerno para que éste consienta a su mujer que recobre la vista. Ya sólo me queda por oír que, si se opone, deberá continuar ciega.

PAULA. Se equivoca usted de medio a medio, doctor. Pero, escúcheme: ¿no intentó en varias ocasiones hablar con mi hija?

LANUZA. Sí.

PAULA. Pues eso le aseguro que va a hacerlo ahora mismo.

(Simultáneamente, ha llamado al timbre.)

LANUZA. Muy bien. Me daré por contento.

ENCARNA. (Por la izquierda.) Mándeme, señora.

PAULA. Diga a la señorita Marta que haga el favor de venir inmediatamente.

ENCARNA. Sí, señora. (Y se va por la derecha.)

PAULA.	Es probable que, después de hablar con ella, piense que no estamos tan locos como le parecemos.

LANUZA.	Excúseme, señora, si la he contestado bruscamente.

PAULA.	Ya le di a entender que no se lo tomaba en cuenta. *(Pausa breve.)* Aquí llega mi hija.

(MARTA, *en efecto, aparece en la lateral derecha.* ENCARNA, *que la acompaña, se vuelve a marchar por la izquierda. Mientras no se va, nadie habla.* PAULA *cierra la puerta detrás de* ENCARNA. LANUZA *se ha puesto en pie.* MARTA *se halla junto al sofá.)*

LANUZA.	Señora...

MARTA.	Sí...

PAULA.	El doctor me ha contado algo que yo ignoraba, y es de tal gravedad, que he querido que, delante de ti, lo repitiera.

LANUZA.	Señora: Usted lo sabe ya. En muy pocas palabras se lo expliqué cuando vino a mi consulta con miss Margaret.

MARTA.	Sí...

LANUZA.	Hoy, se lo repito. Después de haber estudiado a fondo su caso, con la conciencia de no estar equivocado, yo me atrevo a decirle...

MARTA.	Que puedo recobrar la vista.

LANUZA.	Así es.

PAULA.	*(Sin sorpresa. Hondamente.)* Luego, ¿es verdad que lo sabías?

MARTA.	Sí.

PAULA.	¿Y por qué me lo ocultaste a mí?

MARTA.	Porque lo que me hace falta es que me den fuerzas, y no que me las quiten.

LANUZA.	¿Teme usted a la operación?

MARTA.	*(Con una leve sonrisa.)* No, ciertamente... La vida no iba a costarme. Perder más de lo que tengo perdido, no podía ser... Y el dolor físico, créame, doctor,

197

me importa muy poco. Para lo que no deseaba que me quitaran fuerzas es para decirle a usted que no quiero recuperar la vista.

LANUZA. ¿Es posible...?

MARTA. Yo le agradezco su bondad, el celo que ha desplegado usted para encontrarme y el entusiasmo humano, más que profesional, yo lo siento así, con que usted me ofrece su ayuda. Pues, a pesar de todo, doctor, mi respuesta es: no.

LANUZA. (A PAULA.) ¿Y usted la aprueba, señora?

PAULA. Yo, doctor...

LANUZA. Porque hay algo en la decisión de su hija que se parece a un suicidio. Y usted, que es su madre, ¿se conforma? Pues usted echa sobre su conciencia una responsabilidad muy grave, que a mí me espantaría asumir.

PAULA. Que nadie hable de la conciencia ajena. La mía está tranquila.

LANUZA. (Exaltado.) ¡La mía no, mientras que no hable con su marido y le haga saber que hay una confabulación tramada para que él ignore, lo que es preciso que sepa, a toda costa!

MARTA. ¡Cállese...!

LANUZA. Muy al contrario: por encima de ustedes yo llegaré hasta él y le contaré la verdad de lo que pasa.

MARTA. Usted, doctor, sería un malvado si se condujera así. Y yo le considero un hombre de bien.

LANUZA. Pues entonces necesito una justificación de su negativa, señora. No basta decir no. Es preciso explicar el porqué de esa decisión monstruosa.

MARTA. No sé si tiene usted derecho a exigirla, y sospecho que sus nervios le traicionan un poco. Sin embargo, voy a darle la explicación que me pide.

PAULA. Sí, Marta, es natural...

MARTA. Pero ha de prometerme, después que me oiga, olvidarse de que me ha visto y de que conoce mi caso. ¿Me lo promete?

LANUZA.   No sé si podré...

MARTA.   Sí podrá, sí. *(Pausa.)* Escuche, doctor: yo no quiero recobrar la vista, porque mi marido es ciego.

LANUZA.   *(Absorto.)* Señora...

MARTA.   Y de una ceguera para la que no hay remedio.

LANUZA.   ¿Algún accidente...?

MARTA.   La guerra. *(Pausa.)* Calla usted, ¿verdad?

LANUZA.   Sí.

MARTA.   ¿Qué piensa usted?

LANUZA.   Que la vida tiene una imaginación terrible. *(Transición.)* Sin embargo, ¿usted ha meditado su decisión, Marta?

MARTA.   Largamente, doctor. Para meditar, nosotros los ciegos, estamos muy bien dotados. Ustedes los que ven, esperan a igualarse con nosotros para meditar. La noche es su ceguera y, a obscuras, deciden el sí o el no de sus problemas. Yo llevo dos semanas, sin que la luz del día me haya turbado un solo instante, reflexionando sobre mi respuesta. Aunque, en realidad, desde el primer minuto estaba a punto.

LANUZA.   ¿Me permitiría usted, respetuosamente, señora, que le hiciera alguna consideración...?

MARTA.   Hágala...

PAULA.   Siéntese, doctor (MARTA *se sienta, a su igual*).

LANUZA.   En primer término, ¿por qué se ha opuesto usted a que yo hablara con su marido? Porque su marido le habría ordenado que se operara. ¿Es así?

MARTA.   Sí.

LANUZA.   Como es lógico, su marido no puede admitir que usted se imponga un sacrificio tan grave... y tan estéril...

MARTA.   Grave, acaso; estéril, no.

LANUZA.   Luego, de hecho, usted al renunciar a mi intervención, le desobedece a él.

MARTA.   Doctor, ése no es pleito suyo.

LANUZA.   Pero ya es significativo que usted haga

justo lo contrario de lo que le ordenaría su marido. ¿No le induce a temer que esté usted equivocada?

MARTA. Yo defiendo mi felicidad, doctor.

LANUZA. ¿La cree posible sólo en la ceguera?

MARTA. Así, existe. Sin ella, tendría que labrármela de nuevo.

LANUZA. Ver, por sí sólo, sería ya una gran parte de ella.

MARTA. A ustedes los teatros, los cines, los libros..., de que mi madre me habla, ¿les dan la felicidad? Si yo viera, el mundo sería mi gran teatro... Y yo, no feliz por eso.

LANUZA. La vida para ustedes está llena de limitaciones, que si usted recobrara la vista reduciría. Negándose, se niega también a ser útil a su marido.

MARTA. Mi marido no tiene sino una necesidad: la de ser dichoso. Yo le hago que lo sea. Y en él, es más difícil porque está cercana la época en que veía y la desesperación aún le ronda de vez en cuando.

LANUZA. Si usted viera, sería más dichoso todavía.

MARTA. Acaso no. Usted no tiene idea de lo que es nuestra intimidad, doctor. Sólo nos importa aquella parte del mundo en que oímos nuestras voces. Hemos renunciado serenamente a todo lo demás. Y, con razón o sin ella, nos parece que no vale nada en comparación de lo que poseemos. Usted cree que ese mundo es muy reducido y me incita a ensancharlo. Me da miedo. La felicidad suele encontrarse cómoda en los pequeños rincones. Me niego a abandonar el nuestro.

LANUZA. No dé por acabada esta conversación. Repásela en su memoria. Siempre estará a tiempo para cambiar de criterio. La esperaré.

MARTA. Muchas gracias, doctor. No iré nunca.

LANUZA. En el caso inverso, ¿cuál cree usted que habría sido la conducta de su marido?

MARTA. La contraria a la que yo sigo.

LANUZA. ¿Y cuál su consejo, si se lo hubiera pedido?

MARTA. Igual que el suyo a mí.

LANUZA. ¿Y si él le hubiera ocultado todo como usted?

MARTA. Me habría parecido heroico.

LANUZA. Heroica es también su actitud, señora.

MARTA. No, es cobarde.

LANUZA. ¿Cobarde?

MARTA. Sí. Porque no me atrevo a poner mi dicha en peligro. Mi marido y yo nos entendemos en un lenguaje de sombras. Yo no quiero aprender un idioma en que él no me entienda.

LANUZA. Bien, señora. Doy por perdida mi batalla. ¿Me permite besarle la mano?

MARTA. ¿Por qué no?

LANUZA. *(Se la besa.)* Y déjeme que le exprese mi admiración.

MARTA. Oh, no la valgo...

LANUZA. *(La contempla emocionadamente.)* Ignoro si usted nos verá algún día. Mi palabra de hombre de que yo no podré dejar de verla nunca.

(Hace una reverencia a PAULA, *otra a* MARTA *y se va rápidamente por el foro.)*

MARTA. *(Tras una pausa leve.)* Mamá: necesito que me hagas un mimo urgentemente.

PAULA. *(Le sacude la barbilla igual que antes.)* ¿Este...?

MARTA. No.

PAULA. *(Le abraza entre lágrimas.)* ¿Éste, verdad, hija?

MARTA. Sí, madre, ése...

(Y, rápidamente, cae el

TELÓN)[5]

---

[5] En *Cuando llegue el día*, ve Luis de Armiñán *(ABC*, Madrid, 17-VI-1952, pág. 37) «matiz, motivo, revés de un gran éxito del mismo autor y

Podemos y quizá debamos oír música con los ojos cerrados. Ceguera y música parecen complementarse y los ejemplos ilustres son muy numerosos. Hicieron música de su ceguera Antonio de Cabezón y Francisco Salinas, Juan Sebastián Bach y Haendel, Manuel Fernández Caballero y Joaquín Rodrigo. Y los no conocidos, ciegos y músicos, son legión. Recordemos, por citar un ejemplo cercano, la orquesta verídica de *El concierto de San Ovidio,* de Buero.

Cuando llegue el día puede ser un homenaje del autor a Ricardo Strauss. La carta del doctor LANUZA está fechada el año de la muerte del compositor y un hombre ciego, al que no vemos, escucha, en su cuarto, *El caballero de la rosa.* No parece haber otra conexión, a no ser en el famoso trío del tercer acto de la ópera, cuando la Princesa de Werdenberg entona su «Hab' mir's gelobt ihn lieb zu haben» (Hice voto de amarle como debía). Quizá LANUZA sea un nuevo caballero de la rosa, que ofrece a los ojos en sombras de MARTA la gama de colores de una rosaleda.

Jardiel Poncela sufrió como autor, y como persona, lo que su biógrafo llama «el caso patológico de la invidencia», de los demás, por supuesto. A partir de *En la ardiente oscuridad,* su tercer estreno, Buero simboliza por extenso (en *Las palabras en la arena* apunta ya), una de las preocupaciones más suyas, que también lo fue de Galdós: la ceguera humana o, si se quiere, la ceguera inhumana que los humanos videntes padecemos. Luz, más luz, aunque se sufra más.

Esta MARTA franciscana de Calvo Sotelo se abraza a su ceguera «hermana», que le ha dado una parcela ínfima, pero segura, de felicidad: «la felicidad suele encontrarse cómoda en los pequeños rincones». Y parece parar no

---

quizá su antecedente en aquel propósito». Se refiere a *Cuando llegue la noche,* estrenada en el Reina Victoria de Madrid, el 25 de enero de 1943, y a su personaje *Magda,* que va de la ceguera a la luz, con amenaza, otra vez, de invidencia.

sólo su reloj, sino el nuestro, el de muchos, porque incluso los que no ven sin ser ciegos, lo hacen (a sabiendas o no) para verse mejor ellos, para sentirse, por poco que sea, delante, siempre delante, aunque lo imaginen en un tren parado. Ver menos a los otros, para vernos a nosotros más, si no se trata de asentamiento en la rutina, comodidad complaciente o incapacidad manifiesta.

Cuando la luz del día llegue, puede haber o no felicidad y esa duda es insufrible para una mujer que se siente feliz en la continuidad de la noche. El amor es ciego y, además, quiere serlo.

En esta comedia deliciosa, Calvo Sotelo nos cuenta que la felicidad tiene contornos frágiles, pasados los cuales hay que cerrar los ojos para afianzarse en ella y que necesita, además, armonía: cómputo de saberes e ignorancias, luces y sombras, tomas y renuncias. No sabemos bien si se trata de poesía sin verdad o de verdad sin poesía, pero una de las dos (impregnada de la otra) está en pie. «La vida tiene una imaginación terrible.» Y, en este caso, *terrible* está bien dicho.

Colección Letras Hispánicas